U0148113

中华优秀传统文化

二十四节气

周吉富◎著

安徽师范大学出版社

ANHUI NORMAL UNIVERSITY PRESS

·芜湖·

图书在版编目(CIP)数据

中华优秀传统文化.二十四节气 / 周吉富著.—芜湖:安徽师范大学出版社,2022.12(2024.1重印)

ISBN 978-7-5676-5880-6

Ⅰ.①中… Ⅱ.①周… Ⅲ.①中华文化—通俗读物②二十四节气—通俗读物 Ⅳ.①K203-49②P462-49

中国版本图书馆CIP数据核字(2022)第209095号

中华优秀传统文化.二十四节气

周吉富◎著

ZHONGHUA YOUXIU CHUANTONG WENHUA ERSHISI JIEQI

责任编辑:胡志恒	责任校对:胡志立
装帧设计:王晴晴 冯君君	责任印制:桑国磊

出版发行:安徽师范大学出版社

芜湖市北京东路1号安徽师范大学赭山校区

网　　址:http://www.ahnupress.com

发 行 部:0553-3883578　5910327　5910310(传真)

印　　刷:苏州市古得堡数码印刷有限公司

版　　次:2022年12月第1版

印　　次:2024年1月第2次印刷

规　　格:700 mm × 1000 mm　1/16

印　　张:12.25

字　　数:163千字

书　　号:ISBN 978-7-5676-5880-6

定　　价:38.00元

凡发现图书有质量问题,请与我社联系(联系电话:0553-5910315)

节气雅韵漾芬芳

小河东流

　　吾与吉富以文会友，相交久矣。在我做《大江晚报》副刊编辑的二十多个春秋里，他勤奋写作，频繁投稿，埋头耕耘，孜孜不倦。其文笔质朴清新，犹如山间带露的野花，娇而不媚，艳而不俗，香而不腻，且立意深邃，思维缜密，技巧娴熟，字里行间洋溢着浓得化不开的乡土气息，透露出积淀丰厚的文化底蕴。在我不算短暂的编辑生涯里，经手编发的文字何止千百万计，认识结交的文友亦不在小数，吉富的文品与人品当属上乘，耐得住咀嚼淘洗，风吹雨打，令人难以忘怀，日久弥新。

　　退休数载，居家赋闲，莳花逗鸟，吟风咏月，八方旅游，不亦乐乎。时常在报刊上读到吉富的新作，颇感渐趋佳境，笔力见老，后劲不小，顿生羡慕慰藉。接到吉富的出书写序之邀，好生惶愧，本想谢辞，无奈他执意念旧，信任如初，愚夫只好勉为其难，仓促上阵，硬着头皮权当一次骚客雅士吧。

　　毕竟是老友的作品，我比较熟悉。即将问世的《二十四节气》一书中的许多篇什，就是我当年沙里淘金，陆续编发的。当然，不仅仅限于二十四节气的话题。吉富视野开阔，触类旁通，涉猎广泛，题材丰富。诸如：《我从方村来》《怀念几棵树》《母亲的蔬菜》《文人的乌镇》《嘉峪关随想》《村庄腊月渔事多》等散文、随笔佳作，至今记忆犹新。再度重温，倍感亲切。

　　写二十四节气的系列文章，不仅要眼光独到，而且必须毅力非凡。作者若是没有相应的知识储备，没有长期的农村生活体验，没有天文、地理、气象、历法、民俗、谚语等方面的研究探索，那是很难胜任的。周吉富先生恰恰在这方面捷足先登，占有优势。他出生在江南水乡，从小就是踏着泥巴草叶长大的，饱经春夏秋冬四季风霜雨雪，在父母、长辈、老农、乡亲的耳濡目染下学会干农活，学会观云察天，学会丰富多彩的民俗谚语的。通览全书，笔者纵横捭阖，随手拈来，妙笔生花，面面俱到。上下几千年，涉及多学科，不可谓不细不全不广不厚不鲜不活不雅不美也！

　　诚如吉富所言：通过"长期的观察，我国古人在每个节气期间，确立了三候，那便是三种生物在节气中的表现。这样，一年二十四个节气，便有了七十二种候象。我们如果用连贯的镜头，把这些现象表现出来，真是'万类霜天竞自由'一派生机盎然。而每一候，人们都在其上寄予了想象与期盼，再把这些想象演绎到人的精神意志方面，那便会有更加丰富的意味了。而对于我的写作，往往某种物候触发了我的灵感，我便由此候展开立意构思，再敷衍成文。一篇关于节气的文章便立了起来。"

　　中国农历的二十四节气，是一个古老而又青葱的话题。周吉富慧眼辨析，多维切入，深邃挖掘，旁征博引，情景交融，雅俗共赏，将一个原本单调枯燥的气象历法诠释糅入风土人情、民间故事、趣谈闲聊、温馨烟火之中，写得有滋有味，活色生香，灵气四溢，别开生面，阅后掩卷长思，回味无穷，的确是功力匪浅，独树一帜。

书中的妙语警句，哲理遐思，感悟洞察，犹如海边拾贝，伸手可得。譬如："我们的二十四节气中的七十二候之中，大多数动物或植物的罗列都表现出它们在特定的时节，给人们带来了某种信心和启示。这是我国古人选择性的列举，而这些选择性列举的原则，便是在时光的流淌中，平常岁月里令人感奋的积极因素。比方说，在隆冬之季的小寒，有三候，分别是'雁北乡，鹊始巢，雉始雊'，这里说的是，在天寒地冻之时，大雁能先感知到南方之热，向北飞去；喜鹊呢，知道春天不远了，便高兴地开始筑巢，准备繁育后代；田里的野鸡，这时也感知到了阳气的升腾，而不断地鸣叫起来。是的，动物在感知自然方面，有其特异的功能。而且，这种感知还很准确。千百年来，就是在这些禽鸟的一举一动中，人们读懂了大自然这本书。"能有这样的体悟，岂是一般的门外汉所能阐述透彻？

在这里，不能不说一下周吉富先生的母亲。她是一位善良、慈祥、勤劳、颇有主心骨的农妇，虽没什么文化，却以羸弱之躯与丈夫一起撑起贫寒却暖意融融的家。她拼命劳作，省吃俭用，供儿女上学。日常生活中，她耳提面命，言传身教，传授儿女生产技能，灌输做人处世的道理。至于农谚俚语，节气歌谣，她更是烂熟于心，张口就来。在母亲潜移默化的熏陶感染下，儿女开蒙长智，茁壮成长。这从他写的许多文章里，都可以将其拳拳恋意孝心一览无余。我以为，吉富这部即将问世的新著《中华优秀传统文化·二十四节气》，就是献给母亲的赤子之心，就是在为母亲洒泪招魂，就是在告慰母亲的在天之灵。

对于传统文化之精髓的二十四节气遗产，我一向敬重珍惜，很感兴趣。在自己的文学创作中也屡有触及，尤其是诗词选集《云影风痕》一书，就在"缤纷四季"栏目里收录了此类作品。试举《风人松·春分》一例:"风柔雨细乍阴晴,雷震九霄云。广袤田原蛰俱醒,山林绿,草茂花醺。臃肿冬衣减去,轻装正好耕耘。鹅鸭下河燕啄泥,滩头苇蒲青。目送飞鸿淡天际,黄莺故巢老歌吟。春深万物丰盈,转瞬浓艳清明。"当然,我的这类作品只是零敲碎打,粗糙浮浅,与周吉富先生的系列化、专业化、经典化写作比起来,那就是小巫见大巫了。

周吉富的文字干净、清爽、质朴、接地气而又不失从容雅致,构思新颖,逻辑性强,语法准确,情浓意真,往往平易中露峥嵘,淡泊里蕴深邃。我想,这可能也跟他长期任职中学语文教师大有关系。总之,其人其书其文是值得一读,也大有裨益的。

近年来,他不仅在散文领域斩获颇丰,在小说创作上也喜讯频传。《和尚桥》《黑沙湖与南塘湖》《九头树》《等着我归来》等短篇、中篇乃至长篇小说相继杀青或动笔,创作潜力不可小觑。我期待着他的新著《中华优秀传统文化·二十四节气》早日新鲜出炉,更祝愿他在文学创作的道路上披荆斩棘,鸿雁展翅,飞得更高更远。

最后,为了切题合意,一抒雅兴,我还是用一首自创的古体词来作结束语吧。

岁时乐·农历二十四节气吟咏

立春节气好,山谷梅花俏。河畔插柳,雨水淋昏晓。雷声乍响,惊蛰出洞杜鹃笑。春分麦蹿高,菜花金纱罩。魂断清明返乡道,踏青扫墓烟岚袅。谷雨滋润禾苗,人间万物丰茂。树冠闻知了,立夏尝樱桃。小满田塍麦粒饱,蛙声穿透绿芭蕉。芒种入梅雨,江河涨汛潮。夏至气温升,院角垂葡萄。小暑炎热,竹簟蕴凉蒲扇摇。大暑难熬,似火骄阳树叶焦。立秋争早晚,抢收抢种惜分秒。处暑天退烧,娃儿莫洗凉水澡。枝头白露滚玉珠,瓜果采摘任腹饱。秋分桂蕊馨香,云端雁阵欢叫。

寒露叶黄，残荷冷波照。霜降柏紫，红柿枝头耀。气温尚觉暖，立冬秋未消。小雪腌菜根，兰菊暗香飘。大雪戴棉帽，乔木尽枯凋。冬至瑟缩冻手脚，雨雪夹冰雹。小寒少出门，围炉品馔肴。大寒雪封道，檐下挂冰刀。年头岁尾乐逍遥，腊月迎春喜运交。

序作者简介：

小河东流（笔名），真实姓名：何东。安徽省作家协会会员，就职于芜湖日报报业集团，长期从事采编工作。资深编辑、记者，2018年退休。耕耘文学达四十余年，在《人民日报》《文艺报》《中国文化报》《羊城晚报》《新民晚报》《清明》《安徽文学》《文学自由谈》《中国记者》等国家级和省市级报刊发表文学作品数百万字。有散文集《心灵栖息的家园》《徽州的背影》、小说集《碧水浊澜》《古城绝唱》《故园沧桑》、诗词选集《云影风痕》等多部作品出版。

2021.8

我与二十四节气

　　2017年、2018年两个年度，我不揣粗陋，一口气写了两组关于二十四节气的四十八篇散文，如果加上每年的总结性文字，就是五十篇了。在这个写作过程之中，我进一步加深了对中国节气文化的了解。当然，也通过文字将这种文化作了一次浅表层面的传播，我感到高兴。一则，我需要写，就要去观察。观察每一个节气来临之际，物候现象的细微的变化。然而，这种观察是困难的，因为，二十四节气，是以黄河流域的物候变化为参照的。而我们长江中下游地区的物候现象受季风气候影响，有时来得比较晚，有时比较早，且变化也不是很分明。尽管如此，我们对于这二十四节气，也是充满着神往与期盼的。你看，立春，雨水，等等，单从这些名称上，就叫人无比的快慰，给人以美好的感觉。再则，我得去查一些资料，以丰富文章的内容。从每个节气的时间节点的精准确立，也说明了我国古代天文历法的伟大成就。你看，每一个节气，都是以太阳到达黄经的度数与太阳直射在地球上的纬度位置来确定的。因此，在我们的日历之中，能把每个节气推算到时到分，这真是了不起啊。比方说，当太阳运行到黄经90度，太阳光线直射到北回归线时，这便是我们北半球的夏至日了。中国古代的典籍之中，关于节气的文字很丰富，但把它们植入流畅的散文中，也不是一件容易的事。比方说，要在浩如烟海的诗词里，找出关于节气的贴切的句子，了无痕迹地放在文字中，让人读来自然贴切，也是要很费心思去考量的。我国古代诗人吟咏节气的佳作名篇比比皆是。透过这些精美的诗作，我们能回望古时的春花秋月夏日冬雪，感知诗人们体味到的因时令变化所带来的种种情绪变化。相关知识也好，古人的诗作也好，先把他们"储存"在自己的大脑之中，以后写起来，仿佛便有了主心骨。为什么呢？这可能便是一种文化自信吧。

长期的观察，我国古人在每个节气期间，确立了三候，那便是三种生物在节气中的表现。这样，一年二十四个节气，便有了七十二种候象。我们如果用连贯的镜头，把这些现象表现出来，真是"万类霜天竞自由"，一派生意盎然。而每一候，人们都在其中寄予了想象与期盼，再把这些想象牵扯到人的精神意志方面，那便会有更加丰富的意味了。而对于我的写作，往往某种物候触发了我的灵感，我便由此候展开立意与构思，再敷衍成文。一篇关于节气的文章便立了起来。

一篇文章，给人看了，要能给人以正能量，给人以向上的气象，才能让人家承认你是一个积极乐观的作者。而我们的二十四节气中的七十二候之中，大多数动物或植物的罗列都表现出它们在特定的时节，给人们带来了某种信心和启示。这是我国古人选择性的列举，而这些选择性的列举的原则，便是在时光的流淌中，平常岁月里的令人感奋的积极的因素。比方说，在隆冬之季的小寒，有三候，分别是"雁北乡，鹊始巢，雉始雊"，说的是，在天寒地冻之时，大雁能先感知到南方之热，向北飞去；喜鹊呢，知道春天不远了，便高兴地开始筑巢，准备繁育后代；田里的野鸡，这时也感知到了阳气的升腾，而不断地鸣叫起来。是的，动物在感知自然方面，有其特异的功能。而且，这种感知还很准确。千百年来，就是在这些禽鸟的一举一动中，人们读懂了大自然这本书。人们用诗词，用农谚，把它们记录下来，代代相传，便是一种文化，一种财富。我在写作的时候，往往也把我曾经历过的事或他人的事，与这些物候现象结合起来写。一来，用我的文字，让人有一种美好的回忆，更让人从中品呷某种情感的东西或者某种精神力量。比方说，在白露时节，一般是大学新生离开家乡赴远方求学之际，此时的他们，正踌躇满志。而白露时节，有鸿雁来、玄鸟归两候，于是，我便趁势，把写白露的文字，奉献给那些在这个时候到达他们心目中美好的学校的大一新生们，以及那些正在外地的大学生们，他们如鸿雁，如玄鸟，南来北往，不辞劳苦以求学。热望他们不要作望月思乡小儿状，在他们人生最灿烂的年华，历练最顽强的意志品格，积累最丰厚的知识，藏之以备他日大展宏图之用也。再比如戴胜鸣于桑，乃谷雨一候。戴胜鸟是一种精致漂亮的小鸟。可这种小鸟，感动我的，主要的不是它的外形，而是在树洞口大鸟哺育小鸟的情景。那是这样的，轻风拂柳，大鸟似乎很高兴地飞来。它是高兴的，它为孩子们带回了美味。没有等大鸟到洞口，几张小嘴便伸出树洞，从大鸟口中领取属于自己的那一份。之后，大鸟又似乎高兴地飞去。而看到这样的场景，又极易令我想到母亲。母亲与我们相处的时光里，仿佛她总是没有尽情地吃过她喜爱的东西，总是让给我们。而每每看到我们吃得很欢，她在一旁也似吃过了一样，她很高兴！生活艰难的时期里，总也不缺快乐的时光。埯瓜点豆在谷雨，不错的，早早的，母亲把塘边的菜地整理好，当小雨刚好把畦地濡湿时，正是瓜豆下凼之时，一粒粒的种子种在地里，再盖上草木灰。略泅一点水。只两三日，那么可爱的两片嫩绿子叶，顶破草灰，见到天日。这是瓜豆新的一年的生命的开始。母亲在做这些的时候，总是带着一种愉悦。"浅水之中潮湿地，婀娜芦苇一丛丛，迎风摇曳多姿态，质朴无华野趣浓。"这是网络诗人余亚飞的一首《咏芦苇》，我看到这首诗，也是极易想到早年和母亲在池边菜地里的情境。母亲的菜地临着一方水塘。谷雨时节，那塘边"浅水"处正张开一二叶半人高的芦苇，于春风中"摇曳多姿"着。此刻，蓝蓝的天，嫩黄毛茸的瓜豆苗，新绿可人的苇，一汪清纯的水，一切都让人开心至极。近晚，蛙声起来，我和母亲在刚插秧苗的田间往回走。一派田园风光，让人格外的放松。"农事蛙声里，归程草色中。"（唐·周朴《春中途中寄南巴崔使君》）正是在这种蛙声草色中，母亲和儿子在一起，脸上才见到少有的快乐与宽慰。因为，她在播种着田间的希望与对我的希望。现在，我们的日子好起来了，可母亲却不在了，"黑暗仁厚的地母啊，愿在你的怀里，永安她的魂灵"！（鲁迅《阿长与〈山海经〉》）

我国古人是充满睿智的。在二十四节气流变中，充满着哲学情思，热极生凉，寒极生温，自然气候运行中充满了事物之间互相转换的思考。"人情正苦暑，物怎已惊秋"（宋·司马光《六月十八日夜大暑》），这是古人在这暑热之中，感慨季节之流转、人生之苦短。再看，"小寒料峭，一番春意换年芳"（金·王寂《望月婆罗门元夕》），诗中写到小寒如约而至，却使得一年中最冷的时日里涌动着春天的美好想象。我国古人的九九歌、九九楹联等，都表现了在天寒地冻中对于春光的企盼。"文章合为时而著"，我写二十四节气文章，常喜欢把当下的时政、国家发生的可喜的变化，写人文章中，让读者通过这些闪光点，感受到生活的美好。文字中，我写到了商合杭高铁在建，使读者想象到不久的将来，我们去美丽的杭州的快捷与方便。我也写了无为泥汊镇的第一个农民丰收节，渲染了丰收节的隆重与热烈，让读者感受到了新时代新农村建设的美好。因为，

4

2018年我们国家设立了这个节日。而我用文字，对这个节日进行了一次实录，让更多人对这个节日有了实感。

把节气文字写得让人看后有振奋的感觉，这是我的一种追求。每一个鲜活的节气，本身都足以让人产生美好的想象。二十四节气歌读起来朗朗上口，其本身甚至每个字都有音韵之美。也难怪很多有情趣的人家，便用节气名为小孩子取名。二十四节气每年都有，但每年都有新的感觉。你好比清明吧，丝丝的雨，丝丝的杨柳，年年如是，一到此时，年年的心情一样，这清新宜人的时候，加上淡淡的愁思，却没有一个人愿意说出不去行祭的话来。尽管现在流行网上寄哀思，不再去现场，可是，表达的是同样的心情。关于清明，我便写了几篇不同的文章，但不管如何去写，这总逃不了在这样的文字之中，让人读着读着，有一种不忘先人、聚族奋进的感觉。一样的春夏秋冬，不一样的人生际遇，人们对于二十四节气总有一种不一样的感觉。而不同的感觉，只有各自内心去品咂。我想总是美好的居多吧。可喜的是，我的儿童少年时代，在乡村长大，零距离对于乡村的接触，使我在写二十四节气时，来描述农时农事，颇有一种得心应手之感。而我的二十四节气文字，大都反映了我年少成长时代的记忆，也是我阶段性成长的心路历程。故而，五十岁开外的读者，读来有一种亲切的感觉。那就是，某些文字可能触及他们心里柔软处。现在，我们的生活好起来了。可我们内心深处总还有一些共同的叫作艰难的苦难的回忆。随着时光推移，这些记忆弥足珍贵。而一旦有人用文字的形式将其固定起来，这肯定是一种共鸣或好事了。

哲学家苏格拉底说过，人不能两次踏进同一条河流。当然，这是一种哲学命题。说的是，一切处在变化不居之中，哪怕瞬息之间。我们所面对的世界，已然变化。两个年份，但处于同样的节气时，人的心情心态、所思所想，会是不一样的。可是，要用文字写出具

5

x

体的感受，反映出气候与时代特征，形成文章，那就不是一件容易的事了。因为，节气文字，必然要写出与农耕有关的内容。第一遍写了的东西，第二遍要刻意离开，绕着它走，要尽量写出不一样，却要让每一个人读到文章时，都有一种时序更新、气象变化的感受。否则的话，我认为，就是不成功的文字了。由于不断地思索着如何去写好每一个节气，往往是上一节气刚刚写好，就去构思下一篇的架构。计算着到下一节气还有多少天。有时快到点了，构思尚未成形。真有一种焦灼感，但总没有想过放弃。往往有一种信念，车到山前必有路！最后文章总会出来的。也有时，会调出上一轮相应的文章来看一下，企图能得到某种启示，事实情况是，正构思的东西，与上一篇重复了，于是只能另起炉灶。否则，两篇写成一样，就违背了自己的本意了，也是对读者不负责任。需要说明的是，今年交付出版前，我对书稿中的几篇做了较大修改，有的近乎重写。

在我的为数不多的几个圈子里，总有人不断地跟着问：文章什么时候出来？当我把新鲜出炉的文章一公开时，马上迎来阵阵真挚鼓励的喝彩，这时，我的内心便释然了——给我的读者，交了一份作业了。就自我感觉而言，第二轮的文章，要比第一轮的稍胜一筹，这可能是思维更缜密一些吧。有些熟人和我说，你写的这些文字，真是写到我的心里去了，读着你的文章，让我回到了过去温馨的时代。他们有时单独拎出了文章里的某些细节与我共享。此时，我觉得，这个人是用心读了我的文章，心中对他存有感念。也有时，朋友同学聚会，说起我的文章，其中肯定有人会说，他收集了我好多文章，叫我出个集子吧，尤其是二十四节气的文章。而此时，我总是淡然一笑。随性文字，能给大家带来某种感觉就行了。出不出集子，就显得不那么重要了。我在此一并感谢那些一直关心与关注我的读者朋友们。因了这些热心的人们，我才有写下去的无限的动力。

此文草就，我已越过隆冬，来到江南草长莺飞三月天。我依旧生活在我的节气变化之中。我还想拿起笔，去描写那不断到来的簇新的节气。我知道，写下去确实是一种美好的享受，可是，我不能再一次踏进同一条河。我只能在心中默念——春雨惊春清谷天，夏满芒夏暑相连，秋处露秋寒霜降，冬雪雪冬小大寒！

2022.3.5

目录

立春

路上春色正好

　　早上，打开手机，界面上便是一派春光。和煦的春风里，绿柳迎风，双燕轻盈飞来。毛羽间透出喜悦。旋即，画面上漾出了"今日立春"四个字。哦，立春了！"莫道君行早，更有早行人。"打开朋友圈，好友们早已上传了一幅幅美妙的春的图景，一篇篇赞美春天的好文章，一曲曲歌唱春天的优美的歌曲了。我在感叹网络发达之际，也越发感觉到时序之翩然。这不，前几日一场大雪，大地还是白茫茫一片。这春天，就这样悄然而至。

　　江南的人们啊，是受不了大雪的。几年不下雪，总是盼着那雪的到来。而雪下大了一点，又平添几多担忧。不像北方，雪再大，也平常。可南方就不是这样了。江南总有点那么妩媚。雪把公交站台压垮，雪把大棚压塌，低温冰冻把高压线缀断，大雪封路，很多人雪后跌伤，等等，出现一系列雪后恼人的故事。这些故事，让人们在寒冷时，盼望春天的到来！

　　春天，总是给人以希望。立春是寄托了无限希冀的肇始。就仿佛，我们走在白雪覆盖的田野之上，我们便想象到，不出两个月，烂烂的菜花，给我们铺开一片美好的春光。我们看到落叶树光滑的枝头上已泛出生命的青光，就好像不出几天，新枝嫩芽就要向我们热情绽放。我们每个人，在新春之际，总会有新的打算，准备着在自己人生历程中，添上浓墨重彩的一笔。这不，这个寒假，是我所带的这届初中毕业生最后一个寒假了。过年以后，再过几个月，他们就要中考了，他们在寒假中备考。"一年之计在于春"，这句话掠过他们的心头，怎么能不催生着他们春天里的奋斗情怀呢？

去冬，在我们芜湖并不是特别的寒冷，尽管连日零下的气温，也并不是觉得有多么难过，看看手机上，未来几日气温的走势，还是乐观的，气温不断地回升，给人们带来希望。仅有的场把雪，便把爱雪的人们打发了。可是，冬天里，遇上连阴，真倒让人对春天有几分憧憬。受大环境的影响，雪前，芜湖也受到了雾霾的影响。可是，雪一下，空气便清爽起来，雪后艳阳蓝天，真有点让人留连。而现在，春天果然来了，人们所希望看到的景象出现了，这是一种福气。尽管余寒时作，逆风料峭，可这又算得了什么呢？

然而，不管怎么，毕竟是春天了，"这一轮气温下降后，就会上升了。"和我一道晨练的人说道。是啊，春天里，每一次降温后，气温总会比原先上升点，直到春天的温暖常驻人间。我们能在初春的凛冽之中，切身感受到春意的萌动，这是一种何等意趣盎然的体验啊。

皖赣线上的列车呼啸而过时，良好的能见度，能让我从几十米外的跑道上，清晰地看到车内的人们，他们在谈笑着。他们中间，有回家过年的农民工，有回校的大学生，回乡短暂地与家人团聚后，他们又匆匆告别，怀揣着新的希望奔赴远方。更让人惊喜的是，我看到满载货物的列车从眼前飞驰而过。我想，这满载着货物的班列，过千山越万水，可能把我惊讶的眼神，带到它们所经过的更遥远的地方吧，在这风光无限的春天里。

我坐在办公桌前，一抬头，眼前的一盆水仙青绿的叶片间，几枚洁白的小花正灿灿地开着。幽幽的清香阵阵，使室内永葆清醇气息。这使我想到，在岳母的场院里，也是幽幽的清香，让我随着香气找到了菜园子里的一株黄梅。它倚在一段栅栏边，不和周边各种花卉蔬菜争什么，只用这点点小黄花发出的幽香告诉我，它们是如何历冬而来，在这春之初如约绽放。而这时的园内，大蒜正摇曳着青葱，芫荽碧绿，菠菜片片叶子努力向上抻，小棵圆白菜与黄叶卷心菜仿佛正在交谈着，分享着它们来到春天的喜悦。放眼望去，农人们的田畴里，油菜成片，构建着春田的主色调。而这时大株白兰已有花骨朵乍现，只待来日绽放。

　　立春过后，大地渐渐从沉睡中苏醒过来，冰雪融化，草木萌发，各种花次第开放。再过两个月，燕子翩然归来。不久，布谷鸟也来了……（竺可桢《大自然的语言》）总之吧，立春过后，一幅幅美景为我们渐次铺展开来，我们还等什么呢？到国际会展中心农产品交易会去看一看吧。在现场，你能感受到，在我们身边，在我们广袤的乡村里，正蕴藏着无限的生机。各种各样的特色农产品，充满自信的一张张农民的脸，打破了我对农村、农业、农民的传统看法。行走其中，我想到了，我作为一名乡村中学老师，乡村越来越美好，有我一份贡献，我为此而自豪！"路上春色正好，天上太阳正晴"（流沙河《理想》）。于是，在这立春时节，我对乡村未来充满了无限美好的憧憬。

立春

春来鸟语花香

2月6日，农历正月初十，我在给小侄新婚证婚时，说到立春刚过，大地呈现出一派生机与活力，在这希望与机遇并存的春光里，希望两位新人，"花开并蒂，比翼齐飞"，为家庭，为社会，更为他们自己，创造无限美好。

是啊，春天，总是给人以希望。2017年，特别的一年，是为"双春年"。尤其是立春在2月3日，而不是往常的2月4日，据说这种现象一百多年才有一次。因而，今年的立春，被人提及与谈论的次数便越发多起来。我们每个人，在新春之际，总会有新的打算，准备着在自己人生历程中，添上浓墨重彩的一笔。"一年之计在于春"，这句话，在催发着我们春天里的情怀。

我们芜湖的冬天，不是很冷，即使在小雪大雪这样的节气里，也没有连绵的雪，让爱雪的人们玩个够。然而，毕竟是冬天，不管是出行，还是在家，干什么都不利索方便。"冬去山明水秀，春来鸟语花香"寄托了人们走出困境的愿望。春天来了，整日价的山明水秀会来吗？鸟语花香的美景会有吗？

答案是肯定的。就在立春过后，这几日里，我早晨出门冬练时，伴着一冬的口罩不需要了。慢跑不一会儿，手套，帽子全都脱下。晨光下，在微微的略带丝丝凉意的东风中跑步，我以为是最惬意最舒爽的运动。"春到人间草木知"（南宋·张栻《立春偶成》），越冬的花草向你招手。"东风吹水绿参差"（南宋·张栻《立春偶成》）。河水冰皮始解，无冰处微澜初现，小河也在展现勃勃生机。可是你也不能忘掉"春寒料峭""倒春寒"这些词。这一类词，可是这一段时间在人们口中出现频率较高的词。我在晨光下跑步，心里美滋滋的，想着气温要升高了，我们不会在阴冷的早晨晨练了。可是，手握的收音机里传来了大风降温预报，告诉我短时间内，温度要下降5到10摄氏度，降温的同时，还伴有降雨，甚至降雪。一听到这个消息，心情又降到了冰点。是啊，"春打六九头"，俗谚又说"六九五十四，春风如扎刺"，正像一位哲人所说，事物的发展就是在曲折中前进的。毕竟是春天了，美好离我们越来越近了。

路上，早起骑着电瓶车去上班的人们，一个个从我身边经过。三天年假刚过完，开发区的各企业就开工生产了，不像以往，每家每户，都要等到过了小年（正月十五），才懒洋洋地出去找活干。你看现在，大年初一，政府就组织在大广场上搭起了招工大集，不管什么人，不愁找不到活干。"人勤地不懒"，现在得改成"人勤挣钱不难"了啊。

我在春风中轻快地跑着。一位中年人停下他的电瓶车，与我打着招呼，示意我停下。我知道，他要和我聊几句。我记起来了，大年初一的时候，他向我发了一句问好的短信，感谢我的两次家访。他是我班一个学生的家长。他的孩子进入初一以后，开始逆反起来，原来一个爽朗阳光的少年，变得极度内向。那孩子甚至不和家人中任何人说一句话。在班集体中，他也很少与人交流。作为孩子的班主任，我到他家进行了一次家访。在他家中，我与这个孩子促膝谈心，帮他梳理他的优点。经过坦诚交流，那孩子开始和我说出了心里话，向我表白了近一段时间来的心路历程，并且表示要开朗起来。然而，过了一段时间以后，那孩子的举动又有反常迹象。孩子家长又邀我去家访。"你若安好，便是晴天"（林徽因），我带着这样的愿景又和孩子作了一次长谈……微风拂面，给人舒爽，孩子的父亲一再感激我，然后汇入上工的队伍中。

田间越冬的小麦正绿着。从这广袤的绿中，我看到了丰收的希望。可在这冬麦成长的过程中，还有一些不可预料的虫害、春寒、干旱等来袭。我想，我们的孩子们成长过程中不也是这样吗？农人耕农田，教师耕人心！

立春时节，我向前跑着，我更加明确，我应怎么做！

雨水

雨泽生万物

窗外，雨声淅沥。今天是二十四节气中的雨水。早上出去晨练时，天阴阴的。吃过早饭，坐到办公桌前，打开电脑时，听到雨声，顿觉一片安逸。今天是阳历2月19日，阴历正月初四，今天无应酬来往，可以足足地在家休息。有谚曰："雨水有雨庄稼好，大春小春一片宝。""雨水日下雨，预兆成丰收。"如此看来，今年一定是一个好的年成了。

千百年来，劳动人民对于天降雨水以就农时真是抱有太多的指盼。甚至在现代农业的条件下，人们的农业生产在很大程度上仍然有赖于上天所赐。说人定胜天，确是狂妄之言。于是乎，古人在设立二十四节气时，立春过后，因应春耕生产，天降雨水了。于是，雨水节气应时而生。

以我的经验，如果此刻是一片艳阳天，我们到田间走一走，那感觉总是美美的。你能看到越冬的油菜和小麦正透出那种喜人的碧绿。走在田埂上，你弯下腰去，轻拂那如韭的麦叶或那已如小孩手掌的菜叶，软软的，凉凉的，会给你一种喜悦。这时候不管是麦还是菜，它们根下的土，是经过解冻又干燥以后的细碎土粒，把手掌平贴在这土粒上，麻酥酥的，把手再伸进这土里，似乎还有一点温温的感觉。有了这种感觉，你就为生长在这土里的菜麦感到高兴。不是吗？这田土，经过冬雪的浸润，再经过和惠的春风的吹拂，已然是可人的松脆了。这时，不需有经验的农人告诉你，你也晓得，如果这时候洒一点春雨，雨量不需多大，下的时间也不需有多长，丝丝缕缕地下那么一两天，下那么一透，那越过一冬的菜麦便能焕发出更加勃勃的生机！仿佛懂得人意，那雨果真下起来了。是的，那雨下了，土膏更其滋润了。这时，你再去田间走一遭，轻轻走，你仿佛能听得见那麦和菜拔节抽长的声音，再过两三天，麦苗更壮了，菜中的片掌更大了。春雨贵如油，这话说得一点也不错啊！

是的，那雨下了起来，是绵绵的那种。这不禁让我想到小时候，我们走在乡村的小道上，背着书包去上学，料峭的春风中，裹挟着丝丝的细雨，我们几个同村小伙伴迎着风撑着伞艰难地往学校走着。我们往往是迟到了，可这时，老师也不责备我们。仿佛，春天来了，老师也变得温和了许多。可这时，更有很多希望，焐在我们心头。因为，不出两天，暖暖的太阳会出来，地上，再不像冬天那样结冰，化冻，再结冰……无休无止地搞下去。到那时，我们会穿着崭新的布鞋，在潮潮软软的土路上，舒舒服服地蹦着跳着。路旁的各种落叶树的杈桠间，明显能看到一楞一楞的青色。有了这青色，我们便很容易想到枝繁叶茂的春和夏了。这就是雨水，带给我们的希望之光。

"乍暖还寒时候，最难将息"就是指的这一段时间吧。虽是过了立春，可气温还是偏低的。晨练，总有脱去厚衣的欲望。可是，这厚衣还是不能退去的。可不能忘记春捂啊。开车在乡道上，看到行色匆匆的人们，或步行，或骑着自行车、电瓶车，他们照样捂得严严实实的。路旁农田里尚可见一处处的残雪，不愿意化掉，仿佛等待一场桃花雪的来临。虽开着车，车内开着空调，也能感受到冬之余寒。在半夜，睡梦中，手还是潜意识地掖掖被子，以防着凉了。天气预报也不断地提示着，气温忽而会有大幅度下降，忽而有大的蹿升。雨水时节，就是这样。就是这样的辩证，想要得到明媚的春光，必先要跨过一道道预设的"坎子"。总之，在这美好的春天里，美妙的雨水节气，我们享受春光乍现，然而，我们不断被提醒，春光虽好，生命至上。

"春寒多雨水，地僻少轮蹄。湿气连山暗，孤梅近竹低"（元·王冕《春寒》），给我们准确勾勒出一幅雨水时节的真实画面。诗人给我们传达了七百多年前的南国田园雨水时节的某些信息（比方说物候吧）。这里，我们撇开了诗人通过诗句想要表达的个人情趣，我们也无意去揣摩诗人的喜乐。可是，当我们读到"好雨知时节，当春乃发生"（杜甫《春夜喜雨》）这样家喻户晓的好诗时，我们便能清晰地感受到诗人杜甫那种无比喜悦的心情了。是啊，在这雨水润泽的美好的春天里，我们应该克服一切不适，带着无限美好的心情，且行且珍惜。因为，雨泽万物生，美好的一切，在等待着我们！

雨水

千畦尽成绿

　　我的办公室在二楼。每当我办公有些劳累时，便站在窗前，向外望去，不管哪个季节，这个窗口总给我无限的愉悦。有时，我忍不住叫同事过来看，也有时，我会在朋友圈里分享，尤其是本区市里来支教的老师，有的来了就不想走了，原因有二：一是我们这所农村学校，人文环境比较好，学生也纯朴；二是我们这所学校在农村，四面皆为村庄，一派乡村风光。甚至有的老师，在课余时间，开着车，把学校周边能开车到的地方，跑个遍，回来以后，还如数家珍，对看到的好地方赞赏有加。再来看我这个窗口吧，窗下，围墙外是经年不败的几丛苇。苇生池塘，水丰土肥，这几丛苇比别处的更见其粗壮。苇上硕大的芦花，火红色，火把一样直指蓝天。一年四季，它们就这样，直到来年的新花把它们取代。芦花掩映下，是一片开阔的水塘。有时，我们能看到成群的大鱼儿，游来游去。您还别说，这池塘，真成了我们眼前的大鱼缸。鱼儿静静地游着，除却了我们心头多少的浮躁！池塘对岸，是大片的农田。一年四季，这农田里上演着稻金黄菜碧绿麦灿灿。也在这窗前，我为不少城市里来的老师普及了许多农事知识，教他们认识稻菜麦大豆辣椒和芝麻。农田的尽头，是环绕着树木的村庄。环绕着村庄的树木随着季节的变化，而改变着色彩。依旧颜色不变是粉墙黛瓦的村上人家。不管是艳阳下，还是在小雨中，抑或是在纷纷扬扬的大雪时，人家的房屋都在那儿静静地默立着。村庄的东侧，是浩淼的南塘湖，湖边高大的柳树成林成阵，给湖水增加了些许深邃。再北望，是跨湖而过的宁马高速，可以看到，高速上奔驰着的各种车辆。越过高速再看过去，是天际边起伏的山岗，淡淡几条曲线，显出小山的妩媚。

不说别的，一个窗口，一望有山有水，有树有田有人家。一幅静美的乡村水墨画。这么好的窗口，谁不想站在这儿，多看几眼呢？

春雨"沙沙沙"地下着。这时候，你站在这窗口，你肯定会脱口而出："好雨知时节，当春乃发生。随风潜入夜，润物细无声"（杜甫《春夜喜雨》）。或者在春雨即将来时，来一句："孤山寺北贾亭西，水面初平云脚低"（白居易《钱塘湖春行》）。对，这是雨水节气到来了。雨水节气，一般在每年的二月中旬，学校每学年的第二个学期开学了。其他办公室的老师们，都喜欢跑到我这个窗口，边看，边拍照，边发朋友圈给家人和熟人，以分享学校的景色之美。

春雨丝丝地下着，窗下的小池水涨到埂沿，外面农田里，早已汪成了一块块的水域。学校旁边的老张，也和村中其他人一样，背着一把锹，戴着笠，沿田埂跑着，他们在作缺（方言，看田埂哪里低了，易走水，就培土把这儿加高加固），唯恐这难得的春水，白白地流失了。夏季或冬季下雨不一样，不管下多少，村里人，是没有哪个出来作缺防流失的。语文老师，这时候，打开窗子，给学生现场解释"春雨贵如油"这一句民谚，是最应时不过的了。

你一看，雨下起来，就不一样了。人们纷纷从家里出来。就着这雨水，把沤制了一冬的农田再翻耕，平整，把积攒的农家肥挑到田间撒开。人们忙碌着，春日一刻值千金呐。在你不经意间，你哪天再到窗口一望，你会惊讶，这农田里，已然是一畦畦的新绿了。这时候，你总会想到农人的伟大。是的，这雨水过后，我们窗外农田里有了这抹新绿，丰收才有了希望。这是大自然的馈赠和农人勤奋的杰作。

老张是一个很有情趣的人。他家的小院子，在中国农民丰收节上，曾获得"最美农家小院"称号。我们的学生每天上学，经过他家的小院前，感受到生活的美好。也是在雨水后，这小院子里各种花草开始萌发，嫩嫩的叶芽在细雨中茁壮成长，有时候天晴了，老张给小花小草浇水，除草。人们常把一所学校比作一个花园，老师是辛勤的园丁，学生是花朵。而每一天孩子们到校，看到了一个花园似的庭院，一处象征性的所在。我想，他们或许看到老张在劳作中，是不是也心生着一种感恩的情怀呢？

我们每天上班上学，又何止经过一个老张的小院呢？近几年来，"三湖一坝"生态湿地公园正在如火如荼地建设中。这儿原是一片无人问津的荒草滩，是附近企业排污的集中地。而现在经过彻底的整治，这里发生了翻天覆地的变化。这里，有了笔直宽阔的大道，有了彩色健身步道，有了市民文化广场。也在这里，水生陆生植物竞相生长，各种花儿竞相开放。于是，这里成了人们晨练的宝地，人们打卡的好去处，而到傍晚，这里更是人们娱乐放松的首选地。

正在雨水节气之前，我到湿地公园里拍了一组照片，发到朋友圈，主旨为湿地等待醒来。是的，这组照片中，月季正发着叶芽，陆生美人蕉带着旧年斫留的根茬，等待宿根发出新芽。彩色步道边的行道树向蓝天伸展着。各种小花小草还像冬天一样，匍匐在地。仿佛一切都在等待一场春雨的来临。有人说这里春意盎然，是万物复苏的前兆。也有人说，这两天倒春寒，春天还远着哪。而远在他乡的人，看到了这些图片，问我，这是在哪儿，怎么就认不出来了呢。足见家乡变化之大。

"郊岭风追残雪去，坳溪水送破冰来。顽童指问云中雁，这里山花那日开？"（宋·刘辰翁《雨水时节》）是啊，人们也不禁要问三湖一坝的众花，什么时候才能盛开呢？雨水节气有三候："一候獭祭鱼；二候鸿雁来；三候草木萌动。"在三湖一坝，我们虽见不到獭祭鱼的壮观，可分明能看到白鹭翩翩飞来的动人场面。它们从我的窗前飞过，翔集于三湖一坝。三湖一坝，成了它们理想的栖息之地。

看三湖一坝之规划图景，我们的学校，正在景区之内。我想，当景成之日，我在办公之暇，推开窗，那景致不是更美好吗？就像万物等待雨水一样，等待那一天的到来吧。

惊蛰

万物争春光

"春日载阳，有鸣仓庚。女执懿筐，遵彼微行，爰求柔桑"（《诗经·豳风·七月》）。我国最早的诗歌总集为我们构画出这样一幅生动的图景：明媚的春光照耀着田野，黄鹂啾啾，背着筐儿的女子们，结着伴儿沿着田间小路去采桑。这是一幅何等欢畅的劳动场景。仓庚，仓庚，仓，清也，庚，新也。这叫声嘹亮的小小鸟，正感受春阳之清新而初出，故名也。仓庚初出，正是惊蛰节气来临。此刻，仲春的景象俨然。而我们抬头看："两个黄鹂鸣翠柳……"划破春光蓝天的，正是这种给我们带来无限美好与憧憬的古称仓庚的鸟。

桃始华，乃为惊蛰又一候。今年物候现象比往年来得迟。春节过后，芜湖地区很少看到桃花。可元宵节前几日我到皖西南的潜山县，在二乔故里和孔雀东南飞故事传出之地，却分明看到了初开的桃花与越冬红梅灼灼相映的动人场面。这不由得我，把梅和桃与大乔小乔的传说，与焦仲卿刘兰芝的凄美爱情联系起来。时光越千年，二乔的美貌，不可磨灭在人心中。而多少年前，庐江府小吏家宅院里是否也曾桃梅并华，却也不得而知。传说，都很美丽让人遐思，让人不可捉摸，我们却真真切切地从"竹外桃花三两枝"的吟咏中，感受到一个老和尚心中美好动人的惊蛰。

谚曰，"惊蛰节到闻雷声，震醒蛰伏越冬虫。"3月4日，惊蛰的前一天，我正在从南京往芜湖的晚班车上，从车窗望出去，漆黑的雨夜中，不时有闪电划破夜空，好像没有听到雷声。没有听到打雷，我却分明看到，随着犁头新土的翻卷，金黄的泥鳅头翘尾翘地跳动起来，白色肚皮的小青蛙出土一蹦，你再也甭想见到它的踪影了。仿佛它们一冬在黑暗的地下，新春见到第一缕阳光分外地高兴。或者，它们在表现着一种抗争呢，这冬寒犹在，不能让我们再享几天冬眠之福吗？可是，可爱的小动物们啊，你们可怨不得呀。节气到惊蛰，农人忙不休啊。趁着这春光，要为春种做好一切准备啊。你看，那墙角的桃儿，已在如上了蜡般的枝头上，绽放出几朵绯红。蓝天上的黄鹂已鸣叫不已，这桃花灼灼，这仓庚喈啾，不正是在催促着人们，在这载阳的春日里，大干一场吗？

是啊，不几日，当春阳撒满大地时，我们就会看到辛勤的农人们，在田间地头挥着汗，排沟沥水。再过一段时间，那黄黄的菜花和青青的麦苗便会铺满田畴，描绘出一年中最美丽的风光。可在这菜花黄麦儿青的时节，我总是忘不了那成片的紫云英！

我不能忘记，小时候我上学走在田边。几天前，还是一片蓝盈盈的绿海上，点缀着星星点点的红花，田野里满满的都是这样，煞是壮观。几天以后，这田野便成了红花的天下。这便是红花草，好听一点的名字叫作紫云英。这红花草，给我们创造了这么美好的春景，然而，等待她们的命运，却是让人觉得有点惨酷。有时，成筐地被刈去，喂牲口去了：这种草，又嫩，又甜，是牲口最好的草料。这还好，更让人讶异的却是，一犁插下去，整畦的红花草被翻到土下，翻上来的光洁的新土覆盖着绿叶和草茎，真让人感到可惜。原来，这红花草长到这盛花时候，是做绿肥的正当时，"化作春泥更护花"，这难道不是一种崇高吗？

早上，我在微熹的晨光中，听到几声布谷鸟婉转的鸣叫。这使我想起了几天前，也是在山里，看到一群大雁从空中飞过。整齐的雁阵，嘹亮的雁叫是寂静的山村之晨最美的装点。这雁去鸠来，正是验证了惊蛰的又一候，"雁化为鸠"是也。而这布谷鸟，就是鸠的俗称。传说炎帝少女女娃，也就是我们熟知的填海的"精卫"，从发鸠山化为布谷鸟。同时，它也是春神的使者和化身。勤劳的农人们，一听到"布谷布谷"的叫声，便开始了播种等农事活动了。而到了芒种时节，它又竭力地叫着"阿公阿婆，割麦插禾"了。

惊蛰时节，也是那些养蜂子的人们忙碌的时节。几大卡车，把几百个蜂箱装来，找路边的空地里把它们放下。再支起一个苫布帐篷，于是，他们的"家"就在这儿安下来。接着，路边就有了瓶装的蜂蜜等着过路人去买了。新蜜口感好，喝起来舒畅、细腻，营养价值最好。这些，养蜂人会一个劲地为你介绍，好让你多买他的东西。他们是追花人，可正好啊，在惊蛰期间，他们在我们江南，然后，他们一路向北，"一直到北京！"小时候，我曾问过一个叫海燕的养蜂人，他自豪地告诉我这句话，让对北京早就神往的我，充满了羡慕与想象！

是啊，春雷一声起，万物争春光，处处人正忙！美好的春光，让我们插上了想象的翅膀，我们有什么理由停下脚步，而辜负这春光呢？

惊蛰
放飞好心情

今年惊蛰正好是周日，春日当空，气温适宜。田间菜花零星开着。可让人想见，不几日，满野的菜花便会全面地铺展开来。届时，人们就要筹划着去踏青赏菜花了。近处，可以去三山的响水涧，而远的呢，便是江西的婺源了。可依我说啊，何必去那么远呢？咱们可爱的家乡芜湖成片的菜花，不也一样地让人惊艳吗？尤其是看到菜花黄与麦儿绿相间着，不也是让人赏心悦目吗？

可是，惊蛰时节，欣赏菜花儿黄和小麦儿绿还不是时候，到大堤上，走走看，怎样呢？

天，终于放晴了。那是一个春光明媚的下午，我们全班酝酿了多日的河滩之游终于成行了。全班一个不落，也不知道同学们哪来的那股子热情。这不，前几日学校组织集体到南京春游，班上还有十几个同学没有去。而我们现在去的是那一片河滩，尽管有的同学家就住在河滩旁，也丝毫不减他和同学们一起去春游的兴致。

所说的河滩，就是我们芜湖市麻凤圩东沿的那一条叫荆山河的河滩。从我记事起，这条河从每年的秋末开始，河水便开始退去，露出开阔的河滩。一直到第二年的春末夏初，河水渐涨，至六七月份汛期来临。可以说，这是条季节河。河水枯竭期，河滩也就成了人们抄近行走、放牧的好地方。至于为什么能吸引小孩子们，我以为，首先，当属其开阔，二三月份尤其是这惊蛰时节，放风筝正当时；其次，恐怕也是滩上遍野的绿草点缀着五颜六色的小花也甚是惹人眼之故吧。另外，也有时，我们看到老牛身上栖息着鹭鸶那种和谐的场面让人感动吧。还有，冬眠后在开阔的河滩上欢快地跳动着的小动物们，也吸引孩子们。我的岳父家在对岸的方村，我也曾在白雪覆盖的河滩上走过，那种大片雪野让人有一种穿行于旷古之原的感觉，甚是美妙。

孩子们之所以热衷于去河滩，多少也与耳濡目染有关。学校摄影小组一帧帧关于河滩的照片，兄弟班级去过以后回来的渲染，再加近日我在班上朗读的本埠美女作家唐玉霞的那篇关于这一片河滩的美文，等等，早已抓住了他们的易于蛊惑的心灵。你想，不组织他们去一下，怎么能行呢，况且，他们又答应了步行前往，安全是没有问题的。于是，成行了。

几十个土生土长的农村孩子，走在早已熟稔的村路上，我倒不懂，是什么使得他们对路旁一切甚至一片小芦芽或一朵刚刚开放的小野花，惊叹不已，同时，对于成片的油菜花也还是大声喝彩一阵的。那么，我只有这样去揣摩，在孩子们的眼中，他们是能从所见之中发现美的所在，只是平时一个人欣赏，不能产生共鸣。这下，有了同伴，当然就表现出自己审美力且急欲与大家分享了。这一点，在所有人的身上是共通的，更何况这些活泼有余的孩子们呢？

确实可以说是一种壮美。上了堤，一片开阔的河滩尽展眼前。蓝天碧宇下的河滩上是无比养眼的初春绿草，偶有小片青墨的水域如镶嵌在大片美玉上的珍珠。噢，远方还有一群羊，恰如白云落地，飘忽东西。在这里，绿是主体，而宁静主宰一切。两岸的大堤，如忠实的汉子，守护在情侣之旁。亘古的沉默别以为就是无情的背离！

如果一人在这种场合，或许有一种苍凉感，但是孩子们的到来，尤其是一大群孩子的到来，那效果就明显不一样了。不是吗？他们那种久居小区的压抑感一下子得到了释放。而使他们放松的还有一个一改严肃常态的大小孩（班主任）在和他们一样的放松着。他和孩子们一起撸起裤子撒着欢儿地追逐戏打。孩子们的风筝早已飞上天，点缀苍穹。那边，几个男孩或女孩干脆面朝天空，席以小草小花，睡他个仰八叉，感受河滩带来的那份绵柔与大自然的心跳。有几个孩子走得太远了，得用扩音器把他们喊回来。带着欣喜，他们回来了。原来他们拾到了一枚鸭蛋，这可是意外的收获。

在出游之前，我做了一些准备，正好用上了。孩子就问我麻凤圩是怎么来的。我告诉他们，这是把麻浦圩和凤林圩结合在一起而得名。麻浦圩因麻浦桥而得名。凤林圩建圩之初，有人发现有凤凰栖息于"元木山"林中，按"凤凰不歇无宝之地"的吉祥谚语，随将该圩命名为"凤林圩"。迷信传说不足信，但为孩子们释疑，也是师者一种分内职责吧。孩子们能在玩中问，不也很好吗？

"大家过来来一个合影！"听到这话，灵敏的孩子知道老师要收场了，哀求再多玩一会。"你们要听话，每个星期都带你们来"。你看，职业性的欺骗又来了。虽然知道这是善意的谎言，但也无奈。于是，带着一种暂时的满足感，如来时一样的雀跃，原路走回。

"一阵催花雨，数声惊蛰雷。"我们迎来"惊蛰"节气。此时大地春回，万象更新，风和日丽，草木初萌。"春雷响，万物长"，沉睡一冬的蛰虫开始惊醒而出。孩子们也一样，经过了一个冬天，他们确实需要到大自然中走走，放飞心情，茁壮成长。

于是，在惊蛰之际，我带他们到开阔的大堤上撒欢，是为记。

　　"玄鸟到，雷乃发声，始电。"这是春分三候。然而，春分至矣，我们江南地区却不见这些。您看见燕子翩然而至了吗？这传说中的"玄鸟"，最初便是那可爱的小燕子。这几天啊，如过山车一般，气温忽高忽低，白天的时候，有人已穿起了衬衣，挽起了袖子，一副夏日的做派。而到了晚上，我却穿着棉衣，听着窗外的凄风苦雨，俨然寒冬犹在。燕子是很有灵性的，没有很大的把握，它们不会贸然前来。这便是江南：经历了冬寒，终于盼来了春。可那"立春"二字往往给人以莫大的欺骗，因为这时我们还得穿着厚厚的棉衣。有时，冷不丁地来一个寒潮报告，把立春带来的喜悦，一扫而尽。何止是立春，雨水，甚至到惊蛰，依然如此，忽冷忽热，叫人在穿衣出行上，拿不定主意。盼望着，真正的春天到底何时才来，让人放心地享受春天的美好呢？

　　然而，春天，毕竟在不断地向前推进着，我们终于迎来了春分。虽然不见劳燕分飞，没有雷鸣激荡，也无叱咤风云的电光闪耀。可是时不时夹在春风春雨中的明媚春光，让人倍觉美好。

是的，春分已届。经过了低温和雨水洗礼的油菜花终于挺直了腰杆，开放了起来。虽然还没有到最盛，可满野灿灿让人期待。开车在花间，路两旁的金黄簇拥着袭来，别有一番情趣。小麦出脱成了酽酽的绿。这大面积绿和黄的搭配，可能是世界上最美的一种。村人房舍旁，独立的一棵桃，再也不是那么安于寂寞与羞涩，热烈地开放起来，似乎与成片的桃林红云形成呼应。园子里，看到了一株开满小白花的树，它倚在园角的围墙旁，独自开放着，每个枝子，就是一根花串。透过枝子看天，晴好上午天空的蔚蓝映着这小白花，甭提有多美好了。透过白花，看菜地，看远的田野，先是各种时令蔬菜，什么莴苣，什么大蒜、韭菜等的碧绿，再是油菜的金黄。直看得叫人不忍离开。问这是什么花，答曰："杏花。"噢，原来，杏花也可以这样，哪怕在园子里与时蔬为伍，也要尽力保持高雅素洁。

　　春光里，漫步在田间小路上，暖暖的阳光照在身上，和风吹来，倍觉舒爽。蓝天白云悠悠，映衬着放松悠闲的心情。远处传来了悠扬的歌声，宁静渺远。不时飞来黄鹂一二只，嘁嘁鸣叫着从头顶倏忽而过。草丛中的鸽子咕咕咕咕地叫个不停。这些，构成了田野的合唱队。时或，还有刚从冬眠状态过来的小青蛙，从草丛中蹦了出来。或许，它们也不愿浪费这美好的春光，也来凑一份热闹吧。

　　"蒌蒿满地芦芽短，正是河豚欲上时。"（苏轼《惠崇春江晚景》）春之时鲜，让人垂涎。这边来看——

　　池塘边的椿树苗米把高，苗顶殷红的香椿头，正张开二三片芽在春风暖阳中安详生长。正在侍弄的老人，是我们的熟人。多日不见而春日邂逅，彼此十分高兴。他说，我们来得早了点，这椿芽还不能摘。老人一再叮嘱，下个礼拜再来，掐一点香椿头带回去炒蛋，好吃着呢。是的，香椿炒蛋确是一道绝佳的时令美味，想到了到时品尝着自己新掐的香椿，体会那老人的热情，会别有一番滋味吧。

再看，一盘野苋菜炒干丝，再加一盘冬笋炒肉片，也闪亮登场。这是小同事在微信上发来的两个小炒。我的好友老郭，在家腌菜薹，看到他在菜地摘选，在塘边洗濯，在场地上翻晒，在家里上盐揉搓，入坛的每一个过程。他忙碌着，惬意着。是啊，我们这些六零后对腌菜薹有深切的感悟。这春天里的腌菜，是早先人家的必备，不可或缺品。可现如今啊，是幸福生活的小佐。不管是小同事，还是我的老郭朋友发出的分享，我们看到的，都是一种积极的生活态度，都给我们丝丝快意与温暖。

不管天气如何变化。可花儿，总是季节最好的信使。此刻，总能在朋友圈里，看到各种好看的春天里的花儿。摄影家们，从不同的角度，依着自己的理解，拍着自己称心如意的画面，和大家分享，传达着对生活的美好理解，力争去打动每一个人。而这春分时节，大家拍得最多的还是秀美玉兰，热烈菜花，灼灼桃花，洁白杏花，还有越冬依然绽放的梅花，以及娇羞的海棠，等等。我的一位老友，他不仅拍出自家门前、院内的好花儿，还情不自禁地吟咏起来。"傲雪红梅不惧寒，香气阵阵迎冰霜，春到百草冒尖叶，顶雪盛梅凋零颜……"表达了对梅花发自内心的赞叹。

在这个春分时节，我们最大的分享，当推纪录片《厉害了，我的国》了。中国桥、中国路、中国高铁、中国网等中国名片，早已成了每一个中国人的自豪。而我，更感受到了党和政府的人民情怀和国际担当。三亿多的纪录片票房充分说明了每一个进影院的人，都具有共同感受与分享的审美趣味。而更令人高兴的是，据相关统计（猫眼统计），这部政论宣传片深受九零后和零零后的喜爱。一部纪录片，能这样抓住年轻人的心，确实不容易。这说明在我们这个社会，正能量是主流。这样的社会才是一个健康的社会，一个有希望的社会。这怎么不令人高兴呢？

写此文，正是农历二月二。二月二，龙抬头。朋友圈里人们又传来各种祝福。在这春分时节，我们分享着各种美好的事物。懂得分享，方得春分哪。

春分

墨籽成花待柳还

时届春分！

午后两点，灿烂的油菜花！

蓝天下，大片金黄让人震撼。不远处是静谧的村庄，在稀疏春树的掩映中，多了几分富足与美感。空气纯净，阵阵的花香扑鼻而来。蜂子飞花间，翅膀发出吱吱声。小河那边是一片绿油油的冬麦。于是，这田间便由黄与绿主宰着。脚下田埂上，蚕豆悄然开出朵朵紫色的花，不甘寂寞。

湖北清零，疫情朝向好的方向发展。我们来到了田间，欣赏春光。心情来一次释放。

邻居夫妇也去他们老家菜地摘菜了。那地儿我知道，路南是大片的油菜花，再往南，是浩渺的黑沙湖，菜花儿黄，湖水儿碧，人在其间，心旷神怡。在他们发来的照片中，我惊喜地看到了大礼堂！

我们在大礼堂也是邻居。

大礼堂原来是老乡镇府。一个大的院子，院西便是大礼堂。大礼堂里除了召开大会以外，便放放电影唱唱老戏。小时候大礼堂是我们心中向往的地方。有时放电影，囊中羞涩，没有票，便想尽法子知道那片子的点滴；甚至绕到礼堂后墙根下风窗边，趴着听……后墙根下是灼灼菜花、青青的小草儿和宽大叶子的牛舌条草，后墙是院内热闹和院外寂静的界。

我和邻居还在大院子里住了几年，这里有我们共同的记忆。我们从湖边拎水回来净化以后洗菜煮饭烧水；我们在不平的院内石子地上打羽毛球；我们从荆棘蔓生的院角开辟出一小块地种上几样小菜方便采摘；我们端起饭碗串门谁家有酒共欢饮；我们骑着自行车到很远的菜场买一大篮菜吃一礼拜；我们从小贩那里还价买成堆的蜂窝煤以备一冬；我们带孩子到对面的敬老院帮忙，让孩子知道感恩回报……春天里呀，沿着院墙采各种花儿来装点生活，又绕到礼堂后，那儿虽静可金银花正热烈开放。

礼堂西边，二十多年春分时，二十多年油菜花。年年岁岁花相似，岁岁年年人不同。我们之后，又有一批人住进大院。如今，我们所住的楼早已拆迁。一切都在变化。我们赶上了好时代，可回忆也美好。

文友老郭，在菜花金黄灿灿的下午，拍了一组老镇的镜头。老银行，老饭店，老医院，老粮站，老火车站，等等，那些院站店行门楼上是那种水泥抹上去的呆呆的黑体字，涂上黑漆，亏得这些字，历经多少年还在！只是早已斑驳。还有一条与那些店招同时代的干道，干道两旁高大的桦树直接让我想起了那个小船码头。这码头是我们小时候上芜湖的必经之路。一大早，在家门口上小船，小船在南塘湖里摇呀摇，总得一两个小时到桦树下的小码头。现在想起来，那春日湖里行船快意被忽略。湖水清清，清风送暖，两岸豆麦的幽香扑鼻而来。浅水处的小鱼儿船旁嬉戏，时或水面上水鸟扑愣愣飞起。而当时是去芜心切，只觉得船慢，哪有心思去品味什么风景。等到得小码头，一个劲儿地往火车站跑，高兴地挤上火车……几十年过去，当年去芜的舟车劳顿已是烟云。感谢老郭在这菜花金黄的时节，引发了我一段美好回忆。

美好的事物总是急欲分享。这几天朋友圈里，各种春花，异彩纷呈。而漫野的油菜花，当然是主角。我也发了一组。引得芜庶先生即兴春分诗一首：

> 最灿方村菜籽花，葳蕤草木探农家。
> 主人待客具鸡黍，春酒千杯醉晚霞。

一派田园气象。其中有一张，水田里有几个农人在用高压水枪冲捞荸荠。荸荠，在春节期间是一种俏果。然而，新冠肺炎疫情下人们居家隔离，荸荠严重滞销。待疫情稍缓，也就块把钱一斤。甚至一大袋几十斤作十元贱卖。好在近日，政府相助，才有了销路，挽回了损失。由此，我不禁想到，中国农民，是最有韧性的一个群体。每一次劫难之后，春天来临，满畴春光里，总能让人看到希望。天下无农不稳，也只有在中国这样的国度里，有坚韧的中国农民，中国人才能最先概括出这句话。疫情来袭，武汉人民、湖北人民是英雄。然而我要说，中国农民，也是真正的英雄。

春分时的江南田间，一望是铺天盖地的油菜花，这灿灿的金黄有一种排山倒海之气势，给人以信心和力量。我在敲打文字之时，各省援鄂队陆续凯旋。武汉人民感恩送别，令人动容。各医疗队之间，也依依不舍，从中可看到各地方各民族间血浓于水的同胞情怀。请问，有这样的国家意志，民族团结，一个国家何愁不振兴呢？多难兴邦，诚哉斯言！

"同遭雨打摇日落，墨籽成花待柳还"（《油菜花赞》）。的确，美好春日也会有意想不到的风雨。灿灿油菜花经风吹雨打在所难免。可是，每年花红柳绿春分之时，那漫田遍野的油菜花总给我们信心和力量。

清明

慎终追远在清明

仿佛从我记事起，我便有一种感觉，盼望清明的到来。那时，我们家的祖茔在距离我们家约二十里的城南一座叫灰山的山上。几十年前，通往那座山的公路尚无。我在读小学时，爷爷带领着我们一家老老少少，浩浩荡荡地前往扫墓。幼年的我们，跟着大人们步行几十里路，虽劳累着，却十分地快乐着。这一天，我们可以理由充足地向老师告一天假，放松一天。虽然说，"清明时节雨纷纷"，田间小路上泥泞难行，可很少出门的我们远离家乡，看到异地的遍地菜花，柳绿水清，有一种莫大的审美欣慰，不啻一次不错的踏春远游。尽管这些景色自家周围也是如此。我们在经过一个小镇时，大人多少还给我们买些平时很少吃到的零食，我们得以打一次牙祭。我们看到路旁池边有柳树，便纷纷跑过去折柳枝。清明时，折柳是不会被树的主人骂的。故有"依托清明打柳枝"一说。清明在坟头插柳这一风俗，可以追溯到古代。古人在分别时，有折柳相赠的习尚，因为，"柳""留"同音——友人远去了，可他依然"留"在"我"心目之中。清明坟头插柳，表明了逝去的先人永远"留"在后辈的心目之中的意思。这时候的柳是一种象征物，寄托了后人对祖辈的怀思之情。在坟地，大人们忙着除去坟上的杂草荆棘，培修坟身，标纸钱拿祭饭行叩拜礼。这一系列程序，一年又一年，印在我们心底。当大人们在忙碌时，我们小孩大多在山上采摘松果、野花之类，也有时趴在别人家的坟前研究起碑文来。当大人们喊我们叩头时，表示整个扫墓活动行将结束。我们从由大人教练叩头动作到自觉完成再到我们怀着虔诚的祝愿祈祷式叩头，表示我们逐渐长大了。不过，不管我们多大，也不管我们是否已经有了子女，只要有长辈在，我们在叩头时，他们站在一旁总是念念有词，替我们祝福。

离开坟地里许，回望灰山青烟袅袅，听见鞭炮声此起彼落。一切使沉寂的坟山如节日一般热闹。而我们一行大人小孩，也陶醉在一种满足之中——我们家的老祖们因了我们这些后辈在，享受了一年一度的清明节。我们尽孝了，做了做人之应做之礼，没有辜负前辈之厚望。同时，我们在扫墓寄托哀思之时，也许下了多多愿望，望本家祖先保佑。因为人是生活在希望之中的，有了寄托之所毕竟是一件高兴的事，尽管这些寄托是虚幻的。

在我逐渐长大的过程中，爷爷成了我们祭拜的对象。隔了几年，父亲也作古了。时光流转，我们家扫墓队伍中，不断添新的成员——我们的子侄辈。正如我们小时候问我们家的祖坟里有哪些老祖一样，他们也问我们：他们的太爷爷长得什么样，太爷爷的爷爷如何如何之类的话。在回答他们的同时，我感受到一种重大的责任似的：一个家族一代一代地传下去，我们每一个人都要为这个家族的兴旺、人口素质的提高做点什么。否则的话，这个家族不就沉沦下去，进而湮灭了吗？我现在人到中年，在我们这个家族之中，也是众望所归。想到这一层，我便多了些沉重：好好工作，服务社会，为祖上争光，为后辈树立榜样，做一个令后生佩服的长辈。真的，每年清明时节，我都要进行如洗礼一般的思考，尤其在我人到中年之时。

　　每年清明时节，随着时光的流淌，也随着家族成员的新陈代谢，变化在进行着，但对祖先的哀思不变，不变的也是每个家族的团聚的浓浓亲情。且不说，一年一度的清明节，每一个后人在面对祖先时，有成就者，自然心里踏实，因为他们的没有辱没先人而求更大的成就；没有成就或做了些许让礼法不容之举者，他们的心里是如何呢，我想，不管他们平时再如何如何，这时也要做些心灵的拷问——他们在追怀先人的同时，肯定要揭开内心上的伤疤，求得祖先的抚慰以图日后振作。从这个角度而言，清明祭拜先祖，是一个心灵净化的过程。清明时节的纷纷细雨，不仅能使我们感受到时令的清丽，更能使我们心灵受到一次陶冶！同时，我们能在清明之时，在家族这个特定的氛围之中，互相倾诉，能够在亲人相聚的氛围中敞开心怀地倾诉，进而得到至亲们最热忱的鼓励，以疗治受伤的心灵。

　　生活节奏不断加快，一个家族，每年举族相聚的机会不是很多。春节是一个机会，然而，相对于清明，春节之聚往往很松散，亲朋好友一起来，主题不是很鲜明。而清明，同姓本家为了一个祭拜扫墓之目的而来，没有外姓人参与。大家在一起所说所议的关键词很集中。一次清明相聚，平时疏远的亲情得以维系，血脉相承的关怀与关切得以彰显。在这一次相聚中，老者看到后嗣的兴旺而心安，孩子们受到了一次门风习俗的教育。尤其是在这一年一度的相聚中，家族的每一个成员，都想为本家作一点贡献的好的想法又一次加强或作出某种允诺或付诸实施。我是这样想的：家庭、家族、社会的和谐与进步，不正是与每一个好的想法的产生、实施密切相关吗？从这个意义上说，清明是社会的节日，也是一个家族的节日。我很赞成把清明节定为法定假日的做法，因为清明祭祖、团聚这个传统对我们这个社会太重要了。应该让更多的人在清明时节丢下手头的工作，怀着一颗对祖先感恩对家族牵挂之心回家一趟。

当下，由于网络的普及，网上凭吊正悄然兴起。这种方式很是适合那些在清明时节无法回家团聚者。但我认为，对于绝大多数人来说，聚族祭扫这一习俗更应得以发扬。毕竟，清明，我们追求的是一种氛围。

清明

清明时节雨纷纷

当我放下写春分的笔之后，便又匆匆拿起笔来写清明了。在二十四个节气中，有几个节气与人的情绪有关，这清明便是第一个。似乎超前半个月，就听见有人说，今年清明把祖坟重修一下，准备在祖坟上树一块碑。大姓家庭，超前已在酝酿轮值做清明的事了。而我们家呢，我正准备打电话与老弟商量着今年清明的事。我们家，在村里是一个小姓，与我同辈的，也只有四家。城镇化以后，我们都不住在村中。每年，除了办大事，只有春节或清明这两个节日能在一起聚一下。春节各人走亲戚，聚全的可能性不大。只有清明，是一次全家一个不落的相聚的时候。

那么，我们所做的祭祀，真的有合理的指向与依托吗？

公元前399年，哲人苏格拉底被雅典法庭判处死刑。临刑前，朋友和学生们满怀悲伤去和他告别。苏格拉底却镇定如恒，侃侃而谈，引得他们最后一次讨论哲学。进行了一番关于灵魂的论辩后，苏格拉底成功证明了灵魂的不朽，随后饮下鸩酒，含笑而逝。嗣后，他的学生柏拉图更是以灵魂上升的关联打通两个世界：当人们死后，生前洁净的灵魂可以高翔于空气之上，到达那真正的大地，重生于那更美好的世界。

近读清末刘鹗写的《老残游记》后续篇，老残到阴曹地府一游，看到了他已经死了的熟人的生活状况，尤其用工笔描绘了阳间人祭祀烧纸钱的一些需要注意的地方。细细想来，我们多年随长辈清明祭祀时，从他们口传身授中得到的一些做法，和小说中的描绘还真有那么相似的地方，且一直保留到现在。用那边的"人"的说法是，你如果不按照规定去做，你烧的"钱"，那边的"人"是得不到的，等等。

不管是西方哲人的灵魂升天说，还是小说中的阴曹地府的描绘，都只能表明一种朴素的唯心观念。我写这些，毫无唯心宣扬的意思，我是一个唯物主义者，我不相信轮回说。我只想说，这些，丰富了人们的想象。西哲和中国小说的作者，创造出这些东西，可能还有他用，我们绝不能断章取义。再不济的话，我们也可以这样理解，它为我们的祭祀活动搭建了一个精神载体吧，也就是前面所说的指向或依托吧。

清明祭扫，是中国人的传统，已经成了人们的一种精神需要。尽管有许多人如我一样不相信有灵魂存在之说，但在这种祭祀仪式中，总觉得有某种存在来歆享我们的奉献。也是啊，此时我们对先人比平时有更深的追怀。子曰："祭神如神在。"说的就是这个道理。先生又云："吾不与祭，如不祭"。意思说，祭祀，我们必须有在场意识。所以，人们在清明前，不管有什么其他事，都事先安排好，以便在这个仪式中能在这个场域之中。不管在多远的地方，也要赶回这个魂牵梦萦的祭场，感受那个气氛。而不得回来的则遥祭或网祭，多少有点差强人意了。于是乎，很多城市早就在清明来临之际，就安排好祭扫专线，以疏解清明时节交通的压力，从而开始渲染清明气氛了。

一句"清明时节雨纷纷，路上行人欲断魂"，千百年来，拎起了多少人的愁肠。是啊，暮春季节，草长莺飞，江南绚美，风光无限。我们在这美好的景致里怀人，尤其是怀思新逝的家亲，心情便格外沉重了。三月细雨，杨柳依依，更平添了一种诗一般的意境与情怀。

是啊，在清明，清明时节，我们怀人追远，得到了一种释放。

清明：清明时节雨纷纷

谷雨

蛙声阵阵谷雨时

"樱桃花万树，春来也灼灼。"近日，伴随着春天的气息，南陵县何湾镇龙山村120多亩樱桃花喜迎盛开，吸引了大批游客前来踏青赏花。

这是近日《芜湖日报》上一则报道的开头一段，看到这些文字，知樱桃花开，谷雨来了。此时，桃李花谢，孕育果实。美好的生活中，是从来不缺花的。这万亩樱桃，不逊桃李，延展春意。

205国道上的木芙蓉，这时候也敦厚温柔地盛开着，给开车的司机带来了温馨和安宁。也有那树树各色樱花，正点缀着山岗、路旁和庭院。这时，海棠也绚丽开放，热烈的朵朵，压得枝头低低，让人佩服古人"花重"二字的功夫。

谷雨的雨，不再柔软了，仿佛要与夏雨衔接。夜里，你听，下雨了，刷刷地下起来了。这雨，能下好几天，直到小塘小坝水满才罢。田里的水口正与水面差不多，便有了鱼儿，戏水跑到麦田里。这下，到田里戏水捉鱼便成了人们的一大乐事。成群的鱼儿，忽喇喇地，啪啪地往上涌。我们不用费什么力，只在畦垄间候着，看那鱼欢畅地游上来了，拿一个小捞兜一兜，便是沉甸甸的战利品，什么都有，鲫鱼居多。这时的鲫鱼，味道格外鲜美。

周日，我去老家掰香椿头。是啊，去掰香椿头。这是我每年必做的一件事。一听到香椿，便想到异香爽口的香椿炒蛋。我不是美食家，但我却独青睐这一味。红嫩红嫩的香椿，焯了水后，切碎，锅中的油略冒青烟，与蛋搅匀入锅，兹拉一声，异香扑鼻。想吃蛋饼或散蛋，各随其便，但我喜欢蛋饼，吃起来有朵颐之感。西红柿炒蛋虽也很简单，但无法与这相比。西红柿很普遍，一年四季都有。可反季节的香椿头就困难多了！这便显其珍贵。仅谷雨前后，香椿头品质最好，早了或迟了，便没有了那种感觉。香椿，不是每个人都喜好。唯其如此，就像我周围喜吃榴莲或槟榔的人居于少数，而恰恰这少数人，才有了这独一份的享受！

清明时节，偶闻蛙鸣。到了谷雨，伴晚散步田畔，早已蛙声一片。勤劳的农人，在清明之际，已犁出一块地，沤上绿肥或农家肥，作为秧田之用。谷雨到了，开始浸稻种了。把经过精选的，籽粒饱满的稻籽，装在蛇皮袋里，放在沟渠或池塘清水中。这水，最好是流动的，流水含氧高，便于种子呼吸。隔一段时间，把种子提出来，放一会儿，用手抄抄，一则感受并控制发芽的温度，二则让种子充分呼吸。

而在浸种的同时，那块沤好的熟地，已经做出了一畦一畦的秧田了。那一畦一畦的秧田塝子，与周围待收割的油菜小麦地形成对比，它们好像很自豪：主人选我们作为一年的首用，是青睐有加啊。它们在春阳下，光鲜明亮。主人们在那里精耕细作，唯恐有一处闪失。而当那稻籽露出点白白的小芽时，播种便开始了。做这一切，是虔诚的：这播下的是一年的希望！妻子早早地做好了早饭，一般是一碗面，卧三个蛋，好叫男人吃了下田。平时再泼撒的妇女，今天也会对男人客气有加，不敢否男子一句话。

男人回来了，而那蛇皮袋里尚有稻籽。女人不问什么，问也是多余的。有剩有余嘛。很默契地，铺开晒干，拿到磨上磨碎，筛去谷皮，留下米粉。于是，在午饭或晚饭桌上，便多了一道分外香甜的芽稻粑粑了。送几个给邻舍，那香甜，便流淌在乡村里。

吃了那芽稻粑粑，不消几天，在微风细雨中，那如针的秧苗便苗壮起来，喜悦便在那育秧人的脸上荡漾起来。播种成功，一年便成功了一半。

谷雨

江南四月谷雨天

　　暮春的雨，把我们从清明带到了谷雨。"正好清明连谷雨，一杯香茗坐其间"（清·郑板桥《七言诗》）。正好，朋友送我一盒安吉白茶，一早来到办公室，烧一壶水，冲上一杯，轻啜一口，倍觉清爽。我这不正是赶上了趟儿了吗？我不精于茶道，但是，对于明前茶或雨前茶的传说，倒是略有耳闻。想当初茶圣陆羽带了一个茶童携着茶具，四处游山玩水，寻仙访道，其实为了再寻茶中极品。一日，他来到湖州府一座山上，只见山顶上一片平地，一眼望不到边，山顶平地长满了一种从未见过的茶树，这种茶树的叶子跟普通茶树一样，唯独要采摘的牙尖是白色，晶莹如玉，非常好看。陆羽惊喜不已，即命茶童摘取炒制，就地取溪水烧开了一壶来泡茶。但见茶水清澈透明，只闻清香扑鼻。茶圣品了一口，仰天道："妙啊！"话音未了，整个人轻飘飘向天上，羽化成仙。天庭之上，玉帝知陆羽是人间茶圣，命他让众仙尝尝人间之茶。陆羽拿出白茶献上，众仙一尝，齐声说道：妙哉！玉帝大喜：妙哉！此乃仙品，不可留与人间。遂命陆羽带天兵五百将此白茶移置天庭。陆羽不忍极品从此断绝人间，偷偷留下一粒白茶籽，成为人间唯一的白茶王……

哀哉，我等凡人，能在这谷雨时节，品尝到这名扬天下的安吉白茶，原来是托了仙人之福啊。三年前，也是在这杂花生树的四月谷雨时节，我带着孩子们来到了浙江安吉竹博园，这里树竹交荫，云雾缭绕，一派人间仙境。在茶园里，我们亲采白茶，听茶农们讲白茶的故事。他们告诉，正是在这竹间的茶园，独特的生态，孕育出了动心骇目的白茶！

抿一口香茗，又走人孩子中间。三年匆匆过，而孩子们，已从初一升到了初三。毕业季的紧张复习，让他们忽略了这无比美好的春光。窗外的油菜早已谢花结荚。小麦正芒儿朝天地在霏霏的春雨中努力地灌着浆。这油菜这小麦，正在孕育着丰收与希望。而这也勾起了我略带酸楚的回想。几十年前，我们为了跳出农门，年复一年地读着初三的书，希望能考上一个中专学校。也是这小麦灌浆之时，我们的心中忧虑丛生，紧张地复习。待到"五月人倍忙，小麦覆陇黄"时，我们背负着全家人的希望去县城，走进中考的考场。如果考失手，待下年再搏一次。有一种不考取不罢休的味道。可是，十几岁的人，再来一年，等于是再经历一年的煎熬。再经历一次麦儿青青，麦儿籽实，麦儿黄黄，看似渐变实则我们考试渐近，是压力越来越大的过程。我为现在的孩子们庆幸，社会发展均衡教育使得他们的读书压力已大为缓释。他们读书累了，看一看窗外，再也不会有我们那时的无限的忧虑了。

戴胜鸣于桑，乃谷雨一候。戴胜鸟是一种精致漂亮的小鸟。可这种小鸟，感动我的，主要的不是它的外形，而是在树洞口大鸟哺育小鸟的情景。那是这样的，轻风拂柳，大鸟似乎很高兴地飞来。它是高兴的，它为孩子们带回了美味。没有等大鸟到洞口，几张小嘴便伸出树洞，一一从大鸟口中领取属于自己的那一份。之后，大鸟又似乎高兴地飞去。而看到这样的场景，又极易令我想到母亲。

母亲与我们相处的时光里，仿佛总是没有尽情地吃过她喜爱的东西。她总是把好东西让给我们吃。而每每看到我们吃得很欢，她在一旁也似吃过了一样，她很高兴！生活艰难的时期里，总也不缺快乐的时光。掩瓜点豆在谷雨，不错的，早早的，母亲把塘边的菜地整理好，当小雨刚好把畦地濡湿时，正是瓜豆下凼之时，一粒粒的种子种在地里，再盖上草木灰，略洇一点水。只两三日，那么可爱的两片嫩绿子叶，顶破草灰，见到天日。这是瓜豆新的一年的生命的开始。母亲在做这些的时候，总是带着一种愉悦。"浅水之中潮湿地，婀娜芦苇一丛丛，迎风摇曳多姿态，质朴无华野趣浓。"这是网络诗人余亚飞的一首《咏芦苇》。我看到这首诗，也是极易想到早年和母亲在池边菜地里的情境。母亲的菜地临着一方水塘，谷雨时节，那塘边"浅水"处正张开一二叶的半人高的芦苇，于春风中"摇曳多姿"着。此刻，蓝蓝的天，嫩黄毛茸的瓜豆苗，新绿可人的苇，一汪清纯的水，一切让人开心至极。近晚，蛙声起来，我和母亲在刚插秧苗的田间往回走。一派田园风光，让人格外的放松。"农事蛙声里，归程草色中"（唐·周朴《春中途中寄南巴崔使君》）。正是在这种蛙声草色中，母亲和儿子在一起，脸上才见到少有的快乐与宽慰。因为，她在播种着田间的希望与对我的希望。现在，我们的日子好起来了，可母亲却不在了，"黑暗仁厚的地母啊，愿在你的怀里，永安她的魂灵"！（鲁迅《阿长与〈山海经〉》

　　安吉新茶在新沸的水中翻飞。我端详欣赏，再小撮一口，便大步走向学生。再过个把月，他们就如当年的我一样，走向中考考场。而我，也只有更勤勉地工作，才能不负我年少时的奋斗与这美好的春光，更以此告慰母亲的希冀与厚望。

立夏

立夏槐花开

立夏来了，头脑中自然就蹦出了这个题目。三十多年前我在师专读书，暮春晚霞里，同学田间散步。金灿灿的菜花间蜜蜂飞舞忙碌。养蜂人告诉我们，菜花蜜后，再吃槐花蜜，那才叫香甜呢。至今记得这句话。家乡清明前后油菜花盛。那么，槐花来临应在立夏左右。这是一种想当然。

在百度上看了看，知道了果然在立夏时节，江南槐花盛开。江南是一个大范围，我想知道，我故乡的槐花是否已开。家乡的一种刺槐几近消失，还能见到吗？另外，每年物候来临的时间有异，两年之间相差个十来天，也是有的。所以说这时节家乡有没有槐花，不能确定。现在的小区内公园里公路街道旁，一年四季不缺名花名草。可是，我依然怀念家乡的槐树与槐花香。

于是，我让家住村里的学生帮我看一下，我家乡的槐花开了没有。于是乎，孩子们发来了一幅幅槐花的照片。我确信了，家乡还有槐树，家乡立夏时节，槐花开了！那碧绿的槐枝，洁白的槐花，随意那么一拍，无须安排构图，都是无限的美好，那是新鲜的家乡的风景。更让我惊喜的是，第二天早上，我一跨进教室，就有一股久违的香气袭来。走上讲台，看到了一大堆槐花放在了讲台上：虽经一夜在袋里的委屈，那花和叶，还保持着旺盛生气。原来，这天然的香，就是这槐花发出来的，这才是家乡的槐花香！

那香里，带着甜甜的味。少年的我们，穿着布鞋上学去。走在久雨见晴松软的土路上，路两旁正是那青枝绿叶缀满串串白花的槐树。那槐树，冬天叶落，带刺的枝桠直刺天空，真叫人寒颤颤的。春天来临，总不见它抽青。让人觉得，它是不是已经枯了。然而，轻轻剥点皮，是青的，知道它在寒冷中顽强地生长着。春已深，它才懒洋洋地，在枝桠间，在锐刺旁，透出点点新绿。那是少年的期盼。不久，那密密的叶子，才把枝间的空间填满。只透出点空隙，让我们看到蓝蓝的天空。轻风吹来，叶儿微微动弹，表示着新生的欢畅。那十几枚可爱的椭圆的绿叶围在叶柄上，传承着遗传的密码。信手摘一根下来，按一定的内心设计，依次摘下——年少的我们，玩着自设的算命掐课游戏，倒也带来了几多的欢乐。

如美妙的音乐一般，槐叶的出现，是个前奏，而满树槐花的挂枝，却到了高潮。串串洁白的槐花，给少年人带来的是纯净与美好。行走在槐花林里，清香弥漫，生活的艰辛被这美好的瞬间所笼罩。此时的我们，觉得是世界上最快活的人了。放学后放松的心情，同伴间的纯真，一切美好的感受，填充在这绝美的境地了。生活尽管处于困难境地，可看到那夹道的槐花，却也对生活充满了无限的希望。拿我几十年的人生经历来看，我们现在的生活，几近小康，想想当初的梦想，是不是已经实现了呢？我们到得家来，桌上已摆上了可口的槐花汤，或者清煮的豌豆，或者用棉线串起来的蚕豆串了。尽管少年不识愁滋味，我们也能体会到母亲的"无米之炊"时的心灵与手巧。

多少年后，对母亲的思念中，偏就有了关于槐花的那一节。槐

41

立夏：立夏槐花开

花已绽放/眼前浮现了童年时光/母亲还健在/为我们做槐花汤/槐花一年又一年的芬芳/母亲一年又一年的繁忙/我们一个个像乳燕/羽翼丰满便展翅飞翔/远离了母亲/远离了故乡/故乡留不住游子/母亲年年在村头怅望/槐花又一年绽放/已看不到母亲的身影/她的灵魂已在土中安放/只空有一季的花香/我们永远难忘/难忘故乡/难忘槐花的芳香/难忘母亲村头的目光。

立夏到来，槐花盛开。古人言，"槐花落尽全林绿，光景浑如初夏时"（宋·陈与义《秋日》）。槐花的花期是短暂的。不消几日，那洁白的花瓣便纷纷落下，化作春泥，滋养根土。此时，经过了春风春雨的洗礼，忽高忽低气温的折腾，一切好像安静了些，人家院子里的金银花的香气，尤其在傍晚，幽幽地袭来。田野里的小麦吸饱了春水后在一个劲地抽着穗，油菜要不到半个月，就要收割了。春花落，草疯长，野树繁荣。一切都在酝酿着一个轰轰烈烈的夏天的到来！

立夏

赤脚走乡间

斗指东南，维为立夏，万物至此皆长大，夏，大也。故名立夏。

此刻的秧苗，已满田散发奇异的清香。这香气混合着泥土气息。有乡村情怀的人经过，愉悦之情油然而生。因这闪着露珠光芒的秧苗，孕育着切实的丰收希望。犁了的冬田经绿肥沤制，只待最后一耙，早稻栽插开始了。于是人们便打起了赤脚。

经过一冬束缚的脚得到了解放。与大地充分接触，人们的心才踏实起来。雨后，走在田埂上，如膏的乌泥从脚趾间挤出。润凉从脚掌传到心间！此间，菜地里瓜的藤蔓向四周疯长，派生出盎然生机。蚯蚓垒起座座小土堆，田土更其松软。青蛙放开声叫了起来，热闹着田间。脚踩松软大地，听天籁之音，感受生命活力。多么惬意啊！

赤脚，是一种情怀。到赤脚的时令，人们全都打着赤脚。是啊，赤脚的感觉不是很美好的吗？每天起床，没有了穿袜套鞋的麻烦，下田劳作，卷起裤脚便行。每人都练就了一副好脚板。这副好脚板，为少年日后的成长，做了多少美好的铺垫啊。

…………

赤脚男孩，脸蛋晒黑，

小小男子汉，祝福你！

吹响快活的口哨，

裤脚高高卷起；

光鲜的双唇更加红润，

山上的草莓触碰过你的嘴皮；

阳光洒满你的面庞，

划破的伤口扬扬得意；

我也曾是赤脚的男孩，

由衷地为你感到欣喜！

…………

小男子汉，尽情享受吧，

让童年充满欢笑，称心如意！

尽管新割的草场残梗扎人，

尽管满坡的碎石无比尖利，

每个清晨都要处处踏遍，

接受露珠新的洗礼；

赤脚踩过每一个黄昏，

任凉风亲吻温热的足迹：

很快很快，那一双赤脚啊，

即将在骄傲的牢狱接受禁闭；

失去踩踏泥土的自由，

穿上鞋子去出卖体力；

从此走上成人的道路，

终生辛苦，劳作不已：

但愿双脚避开罪恶的禁区，

那就是大吉大利；

但愿双脚躲过险恶的流砂，

那就是终生福气。

啊，愿你尽情享受眼前的欢乐，

赤脚男孩，趁童年尚未匆匆远离！

（约翰·格林利夫·惠梯尔《赤脚男孩》）

是啊，对于曾有过赤脚时光的每一个人，不都有一段美好的回忆吗？脚板踏在午后烈日炙烤的硬泥路的温度，整只脚浸入河泥踩藕时感受到的细腻，田间带露的小草擦过脚踝的快意……这些，我永难忘。

然而，我对于赤脚，还有另一种挥之不去的感情牵绕。那就是"赤脚医生"。我的姐夫，就是一名赤脚医生。赤脚医生是一个时代的产物，他们没有洁白的工作服，常常两脚泥巴，一身粗布衣裳，但却有最真最纯最热的为村民们服务之心。而朴素实用的医治，满足了当时农村的医护需要。他们是医生，更是农民。我的姐夫，一个退伍军医，和当时千千万万的乡村医生一样，没有白大褂，常年背着一个小药箱，行走在田间地头，为千家万户老弱妇孺提供亲切的医疗服务。那小药箱上，"为人民服务"五个字，夺目耀眼。那小药箱，隔层分别有条理地放着简单的器械和药物。而正是这些简单的摆放揉进了医生的热情和细心周到，使人们亲热地叫他们一声"家里的医生"。最近，《大江晚报》记者马正超先生做了一些关于我姐夫的采访，对他几十年在乡村行医中的感人事迹进行了阐发。让更多的人，知道了一位默默奉献的乡村医生的为民情怀。对此，我深有体会，在乡村合作医疗前的几十年，我仿佛没有和姐夫在一起吃过顿完整的饭，往往是刚端起饭碗，就来人或来电话，叫出诊。而在晚上休息时，被人叫出门夜诊，也是常有的事，每每这些时候，姐夫总是毫无怨言。我尤其不能忘记，他的母亲和岳母，弥留之际，都受到了他的极为周到的关怀，是包括我在内的其他子女无法堪比的人文关爱。这恐怕是一个"赤脚医生"的大爱的亲情表现吧。

立夏过后，大地将迎来一派欣欣向荣的景象。时代向前发展，我们现在不可能再回到赤脚的时代了。可是，那份纯真的赤脚情怀我们不可丢。作为一种乡风记忆，不也是一种无比的美好吗？

小满
最是温馨小满时

"小满小满，麦粒渐满"。这句谚语表明，小满时节，小麦正在灌浆期。这句话针对北方麦区可能适用。而江南的麦田里，小满前几日已呈现出一派灿灿的金黄：小麦快要收割啦。看到麦儿黄时，我不由得想起了许多，而青黄不接时的尴尬与温馨注定不会从我的大脑中轻易拂去。

正是这个时节，谷仓中的粮食已告罄，而田里所出还没有跟上，就拿这麦子来说吧，仿佛能闻到麦粒的香味，可是，还没有到收割期。怎么办呢？每天还得有东西塞饱肚子呀。于是，人们想尽各种办法找吃的。一是期盼政府的返销粮。这返销粮，可是救急粮，在帮助度荒期起到一定的作用。再是，在田间地头，野花野草能充饥的，田间野味塘中鱼虾能抵饱的，尽数给派上用场。另外一种办法，就是拿一个小米篓子去村中借。记得村中有一个老奶奶，她家的人口多，每年断粮时间早，缺粮时间长，当然，借粮也是最多。要想到，在这个时候，借粮可不是一件容易的事，但是，她又是一个长者，又说得一口的笑话。她到你家来，先不说借米，而是漫天际谈来，说得你都不想让她走。只到临近做饭时，仿佛是陡然想起那一茬似的。"这鬼记性，一家人都等米下锅呢。你家有米吧，先匀一点吧，新米一上来，加倍还。"其实，是她早已号准了的，她清楚着，到某家肯定有米，而且肯定不会空手而归。如果那家人说，"五奶奶，你昨天不是来我家了吗？"她准会一拍后脑，"要死，这鬼记性，要不，再少量一点，回去煮口粥喝吧。"老人瘪着嘴说着。人家这么大年纪，不忍心，只得量给她。然而，却根本没有哪一家，看到那老奶奶来了，故意躲藏着她。等到新米碾出，她会叫儿子，挑着一担新米，挨家去还，可是，老人家根本记不清哪一家借了多少，只得象征性地舀一点，算作还了。现如今，借米的现象算是没有了，那穿着蓝布衫，系着围腰的慈祥的老人，早已作古，可我仍然怀念起她，以及她无数次为着家人借米的瞬间。

等新米上来，在小满时节，是早了一点，可是等新麦来，却是眼前的事。一捆捆的麦子上了场，我们却似乎感觉到大口啜面，撑得肚圆的情形了。刚从谷场背回来的新麦，来不及在家里多搁一会儿，便被送到碾米站去破粉。可是，到那儿一看，已经排了老长的等待破粉的队伍。细腻洁白的面粉背回家了，这时，它才是真正的金不换！不管是擀面条，还是下面疙，都是上等的美味。你想，一个阶段的苟且过日，没有一个饱日，没有一个放开肚子吃的机会，这时候，全部得到了平复。无需什么伴菜，只需做一碗酱油白开蒜瓣小葱汤即可，就着那汤，热汤面滚滚而下，惹得老娘在一旁直叫"慢一点，慢一点。"

是啊，"小满小满，麦粒渐满"原来是人们对于生活的一种美好的期盼哪。然而，这种期盼，是容易实现的。可是对于莘莘学子而言，小满时间的期待，不也是一种青黄不接吗？

已是五月中下旬，九年级的孩子们正在备战六月中考。中考后，能进入哪一所学校，今后的路可怎么走，这是必须思考的时候了。

然而，一看到麦儿黄了，我便想起了我的初中毕业时光。"跳出农门"，是当年农村孩子上学的最高理想。可是千军万马过独木桥，这一"跳"是何等之难！跳过这一坎，衣食无忧，跳不过，一辈子面朝土背朝天，当一辈子农民。于是乎，在那样的时候，一人读书，便是全家人的希望。麦子一天比一天黄，要收割了，中考也要到了。这一段时间，全家人便围着你一个人在转。在20世纪，上高中还不那么普及，通过上高中上大学，有所出息，对于农村孩子来说就是更大的奢望了，所以，也就甭想了。所以啊，这中技如果考不上，你读了书，下来了，文不能测字，武不能防身，能干什么呢？真真的青黄不接啊。与其说是在迎考，还不如说是在煎熬啊。事情已经过去了几十年。回过头来想一想，中考确是人生道路上的决定性的一步，如果再看看我们这些人现在所走的路，还真与当初的中考有着千丝万缕的联系哩！然而，一切已经过去，"犹如一阵轻烟飘过白色的苹果园"（俄罗斯·叶赛宁），留下的却只是温馨的回忆。

现在的孩子学习压力是大为减轻了，中考前，还有一个端午节能放松一下。然而，在考虑到人生大事时，他们也还是要慎重对待这中考的，尤其是这关键的麦儿黄黄的小满时期。海棠花谢，石榴花开，时令在变，少年们的心思早已高飞了吧。

小满

小满栽秧家巴家

　　农历四月初，几日异常的闷热后，一场特大暴雨倾盆而下，让人们领略了初夏天气的性格。大雨给出行造成了不便，大街成河，马路不得通行……可是，到乡下看看，小塘小坝，皆蓄满了水。窗外，"野径云俱黑"，激烈的雨柱下，是一片片亮晶晶的农田。此刻，正应了这样的话，"小满大满江河满"，也在此时，放下犁耙在家中躲雨的农人，正高兴地说，"正好把田里下满了，给我栽田呢！"（栽田：方言，插秧）。

　　"小满栽秧家巴家，芒种栽秧普天下"，这是我的一位好友为了我写小满的文字而念给我听的。我们都是芜湖市城南人，我能理解这句农谚。其中需要解释的是，"家巴家"，是一两家的意思。在我们这一带，有开秧门之说，说的是，小满时节，哪家开始插秧了，是一件喜事儿。这毕竟是种植一年的希望。于是，开始下秧田或开始拔秧时，总得要放一挂小鞭炮，向人们或向他们心中的某种神灵昭告其家这农事肇始之举吧。其中，或许也寄托某种愿望企盼，多少表达了一种敬农事祈平安的小农情怀！尤其在当今世界总不太平之时。我想，我们最普通省份的一个中国田舍农，能够不因外部干扰而应时而作，总得对咱的国家，有一种感恩之情吧。那一日，乡邻们来帮工的待遇，与往日的规格，是有所区别的。这待遇不仅仅是大鱼大肉，而是让人们惊讶地看到久违了的什么粽子呀，咸鸭蛋呀之类。是的，聪明的你，读到此处，想到了端午。这不，离端午不是还得一个来月吗？是的，我们的农民兄弟们就是这样，就是让你吃到这些，提前让你感受到他的超前意识，感受到节令运行之畅，感受到节日气氛，感受到生活的美好！不是吗？

写到插秧，我便想到二叔。我的二叔当初从部队退伍回家，仿佛有使不完的劲儿。那还是手扶拖拉机打田（方言，用拖拉机翻耙水田供插秧）刚刚兴起的20世纪80年代早期。回到家乡的二叔很荣幸地当上了一名拖拉机手，略经培训（把一部机子，拆了，认识一下各零部件，再装上，有时也参与一些维修工作，为的是熟悉机器）便上前。我记得当时使用的机型是咱们安徽全椒的S-195柴油机。而这些工作，往往在露天场地进行。每一次工作结束后，他的身上，手上，甚至脸上，处处是油迹。而这些油迹，是他的自豪。因为开着这十二匹的拖拉机在水里操作，是当时最先进的生产力的代表！可不是吗，拖拉机手，可是一个大红人。田里早已打上了水，单等那拖拉机来犁了耙了，那秧甚至已拔好了。于是，二叔的忙季到来。那是一种什么概念哪，都是村邻，平时见面都是客客气气，也都懂得时节不饶人，心照不宣，大家知道各自都想赶在别人之前把栽插任务完成。（这种劳动积极性，总由新型的生产关系决定的，不好意思，作一点经济学阐发）因为没有谁对机手的工作作统一安排，二叔对每个来提出打田要求的人，总是满口答应。最多的一句话是，保证明天一早有田给你栽！正是为了这句话，有时，二叔能几天没日没夜地连轱辘转。好体能！多少年后，村里人提起这，都竖起大拇指！有人送饭来，他在田头，随便扒拉几口。有时，村里人听不见田里机子响，就知道肯定是二叔实在招架不住了，于是，不管是白天还是黑夜，也不管是晴天还是下雨，人们到田间去找二叔，而二叔常常是在田埂上或在草垛子下酣睡，人们也不愿叫醒他，就让他在此睡一个好觉，因为，如果一叫醒他，他便又发条上了劲一样，去干个不休……

当还能远远听到邻村拖拉机唱歌的声音时，我们村，已早早地完成了栽插而在家中静听蛙声喜悦地计算着我们插下的秧苗在发颗了（水稻秧苗移栽后，适应新的水土环境而重新挺立），这里面有我二叔多大的功劳啊。已经多少年不打田的二叔六十多岁了，可他还是歇不住，打起行囊，远赴苏州打工，岁数再大，劳动本色不丢矣。对于他们这一辈人来说，眼前的好日子，只是一个小满，他们总要用自己的劳动为了家、为了子孙尽可能多尽一份力以达更好程度上的小康。

日前，参加了一个"快乐行走"活动，经过一段拆迁地块，一切显出了待重新建设的颓废景象。"远芳侵古道，晴翠接荒城"，如果滤去战争的悲悯，用在此处倒也贴切。路旁的小池里的新荷初展，有的贴在清澈的水面上，也有的撑起小伞，煞有风度。然而，当看到眼前的艾草和菖蒲以及端午堇时，我想到了端午，在这个让人略显栖惶的场合，一种温暖从中而来。菖蒲如剑，长叶在日光下熠熠耀眼。艾草总如小家碧玉一样，守在将军身旁。而那端午堇片片宽大的叶间，已绚丽地开着几朵大花，恰如贵妇着旗袍，款款有风仪。可是，现在距离端午还有月余。这分明说明了今年的物候来得比往年要早。估计还有半月，就有性急的人们，去野外挖艾草和菖蒲，让将军和小家碧玉一起立门前，告诉人们，他们家的端午来啦！天勤人更勤呐！

"最爱垄头麦，迎风笑落红"（宋·欧阳修《小满》），小满时节，从北到南，田间待成熟收割的，便是小麦。我从田间走过，停下身来，弯腰轻拈一芒，捻开那麦粒，一股新生淀粉的气息，让我这个颇有联想感的人，联想到了农民的辛勤与天下富足出于农的情怀。是啊，这越冬的小麦，从播种到管理到收获，得耗去农人们多少的辛勤啊。小满时节，希望的种植与丰收的喜悦交织着。"小满无雨，芒种无水"，这是千百年来的物候之征。然而，我对孩子们却如是解释，一个人，如果不应时而作，不在该勤奋的岁月里勤奋，他就得不到应有的尊重与收获！

芒种

天下芒种

"家家麦饭美，处处菱歌长"。（宋·陆游《时雨》）芒种时节，小麦收割总是一件让人高兴的事。虽然忙，可想到田里黄澄澄的芒儿朝天的麦穗，将会变成雪白的面粉时，有谁不打心眼儿里高兴呢？看到男劳力嘎吱嘎吱挑着麦捆，压弯了桑木扁担，从田埂上，挑到打麦场上，仿佛就会嗅到面团所散发着的诱人的清香！是啊，新麦登场，好比是一位慈祥的救世主，它温和地告诉每一个人，这下可放心了，再也不会挨饿了。我的成长，经历了吃食极不丰裕的年代，度过了吃了上顿而为下顿发愁的时光，积累了等着小麦收割而开始用大海碗呼哧呼哧来几碗手擀面或面疙瘩来撑一撑长久没有饱胀之感的成长中的肠肚的经验。因此，我们对于小麦的收割，是充满了希望的。也因此，直到现在，我哪怕看到收割机在田里收割小麦，鼻息间似乎都能嗅到妈妈烧饭炕在锅沿上的面粉粑粑的香味。或者难忘烧麦秸时炸响的脱粒未尽的麦粒的奇特的麦香。现在的白案大师傅们，能把各种面粉拿捏成各种面点，可我再也找不到那种村庄炊面的感觉了。

我写这些文字，也许有人会认为，饥饿？那是离我们很远的事嘛。可是，一个曾经经历过饥饿的民族，一个曾经经历过饥饿的人，是不应该忘记饥饿的感觉的。每一个有过饥饿经历的人，看到餐桌上大量的食物被浪费，被丢弃，心上总是有一种被刀划过一样的痛感。我每每把丢在桌上的饭粒用筷子夹起来送到口中，却总有人认为，这是一种做作。现在的小孩子，随口就来"谁知盘中餐，粒粒皆辛苦"，可是我们看一下，能有几家的孩子，能认真地把"光盘行动"落实到他们的每一餐中，养成了良好的节约习惯了呢？这不禁让人忧从中来。

我总是悲天悯人。这个世界，当一些人享受着饱食之幸时，而另一些人仍然正在接受着饥饿的煎熬。在非洲大陆的腹地，在战乱的中东地区，每时每刻总有大量饥民为了一碗救命之饭而奔波挣命。而当我们从官方的话语中听到粮食危机时，也总是不以为意。是啊，在我们所有的消费之中，粮食消费确实占我们消费的比例不是很大。也就是说，我们的恩格尔系数是越来越低了，我们的幸福指数越来越高了。这"越高""越低"直接隐去了我们的种种担忧，其实，其中便包括了粮食担忧。因此，我们不应该忘记那些依然对土地保有深厚情感，哪怕高龄而坚持劳作于田间的人们。

商合杭高铁在火热建设中。跨江的桥墩上的路面，正不断地向前延伸。长江西岸高大的桥墩下，是无为二坝镇。二坝镇历史悠久，水网密集。此处位于长江西畔，土地肥沃。芒种时节的一个阳光明媚的上午，我在二坝田间遇见一老人，八十多岁了。他有三个女儿，一个儿子，儿女都有家有业。"这么大年纪了，还在地里干活？""能干，就干一点，干不动了，再让儿女们养老。"他的话，让我想到了我的岳父母。两位老人，都七十多岁了。我们都劝他们把田给大户承包去，可是他们愣是不舍，还把自己当年轻人一样在田间劳作。他们最自豪的是把自己种的米和现榨的油给我们带回的时候。其时，二坝老人正往整理得很光洁的畦地上喷洒除草剂。旁边的小棚里翻开一角来，是待移栽的豆秧，嫩嫩肥肥的嫩茎上，撑着两片胚芽，煞是可爱。老人说，这是大青豆，等到结荚时，能卖个好价钱。而不远处的垄地上，有撑破地膜的尺把高的茄子，宽大的乌乌的叶子，正猛烈地吸收着上午的日光。成畦的宽叶韭菜，可能是为了培育韭菜花的吧。

　　不远处，也是一个老人，他一边莳弄菜地，一边听着老调庐剧。静美的田野，正好适合悠扬的曲调传扬。乐音从远处听来，越发令人心驰神往地进人老戏迷人的境界。（我们当地人，把庐剧就说成老戏）悠闲的初夏田间，流淌着美妙的腔调，这总是一种无可比拟的氛围吧。二坝，距庐剧发源地庐江不远，都是一个方言区。因此，二坝人当然喜爱这娱悦一方的优秀剧种了。不仅二坝，皖南甚至更远的地方的人们，都喜爱庐剧。我们的家乡，每年下半年，都有小剧团巡回演出，很受人们喜爱，便为明证了。也因此，我想起了早时所听到的优美的薅田歌了。那是早稻活棵分枝之际，稻田里的杂草开始孳生，于是，开始薅田了。最是成片的田间，偶有一村妇或少年在田间斜刮（薅田工具）除草。蓝天下，碧田间，传来了那悠长的薅田歌，这时，正在午后小憩的你的精神肯定为之一振。那歌声，或许能扫除一人在大田里劳动的孤寂或歌者在秀自己不同一般的好嗓音吧。

　　这么说来，田间劳动也是一种享受吗？然而，我们不能因此而忘记了"汗滴禾下土"的劳作艰辛。

　　6月上中旬，正处芒种时节，牵动千家万户的中考高考陆续登场。数载奋斗的莘莘学子经历了一次人生洗礼，对于他们而言，考试绝不是一次终了，更是一次新的征程的开始。不几天，中国传统节日端午节来临。节日的到来，是欢聚，是激励，更是抚慰。是啊，我们的生活，就是这样，平凡中向前延伸，在延伸中我们每一个人都在付出。

　　天下芒种，我们快乐劳作，我们付出的每一滴汗水，都是值得珍惜的！

芒种

满种希望

　　此时，是端午节前后，屋边墙角的端午槿已蹿到了足够高的个儿，从下到上，依次开满了从大到小的花。通体粉色或红色的花把植株打扮得珠光宝气。花期虽不是很长，可是，在一年众多的花阵中，她在属于自己表现的时候，尽情地发挥着，毫不错过时令与时机，仿佛没有哪个高度重视这种花，只随手插在不起眼的地方或是鸟粪中夹带着种子，不经意落在什么地方，于是，在她的时节时，她就附带把这地儿闪耀了一次。而与这端午槿相伴开放的，便是那栀子花了。栀子花以其沁人心脾的香气，把人吸引住。人们对它喜爱有加，在碧绿的发着光的叶间，把这洁白的花摘下来，别在身上，或放在房间里，珍爱有加。不似对待这端午槿那样，随便看一下便了事。而在田头，我无意看到一种花，几片大叶，拥护着几十枚挤在一起同时开放着淡红的花。我不知这是什么花，发一图片给群里，几个好友同时告诉我，那是木绣球，于是，我便默认了。

　　可是，扛着犁从旁边过的农人，可就不管什么绣球不绣球了。这时候他们正忙着。前一段天气好，正好把小麦收上来。给田里上水，傍晚时，上了水的空田上空，各种有翅类的虫子飞来飞去，显出热闹气象。而天稍微擦黑，田里便是蛙声如潮了。这飞虫，这蛙声，撩拨着农人的心思，这田里的活，要尽快把它完成，以便出去继续做工地上的活儿。你看，麦子收上来了，不需翻晒，已经有人把它收购了。秧田里的秧苗已到了秧田期，这些都是掐着指头算的。今年天热得早，小满后期，温度便蹿到了三十五六度。热一点算不了什么，赶时令要紧。收割菜籽和小麦的疲劳还没有得以片刻的恢复，就要插秧了。"时雨及芒种，四野皆插秧"（宋·陆游《时雨》）。这不，打从天空飞过的插谷鸟（即布谷鸟，杜鹃，子规），成天价地叫着，让人偷懒不得。这小"双抢"，还真是春闲以来，田间劳作的第一次大会战，家家户户，皆是全力以赴。就现在而言，一户人家的主要收入，不在田间，可是，大家还是认真在对待这春收春种，做得一丝不苟。你或许在冬天能看到这儿或那儿，偶见有田块闲置没种什么，可是，要不了几天，在芒种过后，满畴便是绿田盈盈，乡村向天下昭告：土生万物，衣食所在！感激农人，以他们的辛勤，他们的奉献，我们得以衣食无忧！

　　虽然忙着，这端午节还得过。为着一家老小计，端午的气氛必得营造出来。性急的人家，好多天前，就从田间地头，起来菖蒲和艾草，植于门前的盆里。主妇营罗粽叶和糯米，包粽子。端午来临，虽然不一定能备齐十二红，可是，自家菜地里，也能张罗好几个时鲜了。刚摘下来的青椒炒蛋，特别爽口。把那两根还带花蒂的黄瓜剪下来，三两下拍成一碟，那口感市场卖的可比不上。茄子挂枝了，瞅大的摘，来个油爆，盛在碟中，还泛着那诱人的紫色。苋菜正当时，不要以为苋菜都是红的，来我家的菜地，给你一种白苋，包你那不吃红苋菜的宝宝们满意。在我们所有的节日中，端午是一个有纪念意义的节日，没有什么真神的存在，所以没有什么禁忌。一个延续了约两千年的节日，与芒种节气并存，也可当作劳作的人们对自己的一次犒赏吧。

对于有在毕业季读书的家庭而言，内心总是舒展不得。田地能荒一季，人生可不敢荒废。端午过后，中考和高考便接踵而来。孩子读了多年的书积累的知识，凭这一考来检验。家人自打小人呱呱坠地起就积聚起的美好愿景，就凭这一考来揭晓。你想，这中考高考，怎能不令家里的每一个人心神不宁！这一段时日，是每一个孩子最为难熬的时光。"我生不愿六国印，但愿耕种二顷田"（明·高启《练圻老人农隐》），足以见得备考者的心路之艰涩。田中劳作的家人，对于丰收的企盼与对于读书业成的实现，双重的心事在萦绕，在这芒种时节，困扰着他们。他们在内心祈祷着。我们不能过于指责平时不多关心孩子学业而在大考来临重视的人们。其实啊，外在的不关心，哪能否定他们对孩子之希望的初心？而随着孩子渐渐长大，他们的愿望是与日俱增哪！

农家芒种，种的是丰收，种的是希望！

夏至

瓜分琼玉趁时尝

早晨，我在沥青路上跑步，忽见前面，一只蝉！于是，我蹲下身看究竟。原来，它的透明的薄羽还是润润的，极力做出张开的努力！可能是我的行为，惊动了它。只见它突然张开双羽，一飞冲天。此刻，我一阵感动。我被这只蝉感动！法布尔（法国生物学家）说：每一只蝉至少需要七到十五甚至二十年才会从土壤中破土而出羽化成蝉，雄蝉以叫声吸引雌蝉进行交配后，雄蝉不久就死了，就算不交配的雄蝉，展翅翱翔的日子也只有短短的两周左右！（《昆虫记》）多么悲壮，我的蝉类朋友！多年的羽化，只为一夏，甚至更短时间的绚烂！更何况，我所在的这地方，原来是一片倚山的村庄，拆迁后，又是机器的推拉平整，再后来，是挖基建高楼。这里面还有顽童们仲夏挖洞掏蝉蛹的风险。足以想见，这只蝉，在地下多少年，一路走过来，何其艰难！

我写夏至的文字，眼前总是萦绕着这样的图景。那是中东战争难民无处安身或非洲人通过地中海偷渡的场景：要么是一个老者无奈地双眼老泪横流；要么是一个中年人，悲伤地说，他们现在没电没水没卫生间，什么都没有；要么是一群无辜的孩子睁大着眼睛朝着记者的镜头呆望着，他们可不考虑下一刻有什么灾难在等着他们……我倒不知道这些处于动荡中的人们，他们知不知道，在遥远的东方，一个古老国度的人们，正在按着节气的节律，有条不紊地生活着，感受着夏之静美。

是啊，这里是中国的乡村，村居的人们，过完了自己的节日端午，迎来了另一个也曾是节日的节气——夏至。

古时夏至日，人们通过祭神以祈求灾消年丰。周代夏至祭神，清除疫疠、荒年、饥饿与死亡。《史记》记载说："夏至日，祭地，皆用乐舞。"宋朝在夏至日始，百官放假三天。辽代则把夏至日称为"朝节"，妇女进彩扇，以粉脂囊相赠遗。清代夏至日，人们慎起居、禁诅咒、戒剃头，多所忌讳。我国有些地方，至今流传夏至日节日习俗。北京、山东两地，有"冬至饺子夏至面"的谚语。离我们较近的无锡地区的人们，夏至早晨吃麦粥，中午吃馄饨后，为小孩子称体重，希望孩童体重增加更健康。而夏至日各地吃狗肉也是很盛行的，而伴此盛行的是关于是否应该吃狗肉之争，也是绵绵不绝！仿佛这争论也演变成了夏至来临时的一种风俗了。可是，夏至作为一种节日，现在已被很多人淡忘。

"槐柳阴中野径斜"，"草深无处不鸣蛙"（宋·陆游《幽居初夏》）。在这夏日长长、梅雨连连的季节里，田间的劳作，不甚紧张。刚插下不久的禾苗，只要田间弯水足够，并不需要多少打理。人们正可以得闲在家，品尝时令瓜果，即所谓"瓜分琼玉趁时尝"（宋·楼锷《浣溪沙》）。此时的西瓜正当时。现在有了一个新的品种8424。这种瓜也确实是好，个头大，皮儿薄，籽儿稀，瓜瓤甜水分多，在夏日深得人们的喜爱。网络时代，新品种一旦出现，瞬间普及，不在话下。可是，在夏日炎炎下的村庄林荫路上，你依然能看见一二老汉或老妇不辞劳苦地蹒跚向前，你猜他们去干什么呢？

原来啊，他们曾答应老友，为老朋友送种子，为了一个承诺，而不顾年事之高和炎天水热之苦。这是何等的纯朴。到得对家，也不坐一下，也不吃一片那解渴的西瓜，对自己培育的种子略作介绍，便找一个借口，往回转。我的读者朋友们，此刻，你能浮躁地用顽固来评论这些老人之间的做法吗？我不禁要问，再发达科学，能取代这种割舍不断的乡风民情吗？由此，我怀念我的已故多年的小奶奶。小奶奶为了防止我们偷她门前的毛桃而对我们表现出来的"狠"，并不影响我对她老人家的怀念。我更记得，她每年夏天，早稻栽插的同时，她先在光地上苗（我们家乡对播种的一种说法）上种子，有辣椒瓠子之类。等到这些小苗长出来，她拔起这些小苗，码在篮子里，再在上面盖上一块蓝布或毛巾，走村串户地叫卖。由于她的辛勤，她的瓜豆苗，在我们这小地方，几乎成了一个品牌。甚至每年有些人家，都指望着她。我想，如果老人现在还健在，对于网络种子，她会发什么感慨呢？她的独特的南陵乡下人的撒子腔，我们竞相摹仿。也因此遭到大人的反对，因为这是对小奶奶的不尊。至今记得。

"鹿角生，蝉始鸣，半夏生。"这是夏至三候。夏至到，阳极而阴生。人世的事物总是这样，花开总有花落时。就如这蝉吧，多年的埋没，只为这夏日的几天嘶鸣便终生无憾，尽管有时也遭到人们的唾骂。就拿激战正酣的世界杯来说吧，我写此文时，已有两支队伍提前出局。可是，我们对于提前出局的球队，也要心存感激，毕竟他们多年的准备与付出，才会有我们今天的精彩的观赏体验！大力神杯是那么耀眼，可那也不总是花开一家，体育竞技场上，不会有永恒的赢家。因为，没有"冷"遇的世界杯，将会黯然失色。人生亦如一场球赛，起起落落属正常。这一阶段，正是刚刚参加中高考的孩子们最情绪化的时候，有人说，这段时间，他们最轻松，其实不然，他们忐忑着呢。少年壮志当拿云。可是，这云，是神马，还是什么，到了一个几乎要见证的时候了。我说，还是想想蝉吧，孩子们。

　　夏至时节，我怀念我的小奶奶，以及她的瓜豆苗。我希望正在受磨难的人们，能过上醇美宁静的生活。

夏至

十里芙渠尽飘香

那一日，同事小王在水龙头上洗了两颗杨梅，递了一颗给我，酸酸的，甜甜的，我品尝着。是啊，杨梅成熟了，江南的黄梅天来了。条件反射似的，我们听说梅天来了，便有了诸多的经验性的想法，人易犯困，多雨溽热，等等。双休日，晨练回来，带一袋尚有寸许的果柄的樱桃上得楼来，洗净放在桌上，暗红暗红的，晶莹剔透，整个上午看书休息时，轻拈那细细的尚泛着青的柄，把那暗红送入口中，牙舌稍碾，清甜浸满口，轻吐那滑润的核，再潇洒地把那柄放在一旁。众多水果中，樱桃算得上是一种吃起来不费事的果品了，我以为。芜湖是一个难得的好地方，各地恶劣天气时发，而芜湖却风和日丽，气温适宜。在阳台上，给蓝天拍个照，发到朋友圈里，让大家共同感受美好。

冷不丁地，在QQ群中发现几幅村上夏日池荷图，满池的荷叶，几朵荷花正开放着，池边曲塘上，是杂乱的正充满着旺盛生命力的野草。这幅图才真正是我心目中的夏荷图。而且，发图的才女小曹，还用了一句诗，"首夏犹清和，芳草亦未歇。"这是山水诗鼻祖谢灵运《游赤石进帆海》里的句子。我们不管诗中蕴含了诗人什么情怀，单从字面上看，也足以来形容群中的几幅图了。我自喜，年轻人，还有如我等近似的审美趣味，不错的。可能是她打从经过的路边，用心摄下这夏荷图。能拍这样的图景的人，现在已不是很多了。真是难为她了。可是，这几幅图却更是勾起了我对荷的难以忘却的记忆。

我的故乡，是沿河堤而居的长村。那河早已与大河隔断而成为了内河。多年的不疏浚，使得河浅泥肥，正适宜植荷。春末夏初时，就会看到清浅的河水中，荷之新芽露了出来。先是一两枝，尔后，那芽便舒展开来。有的平铺在水面，也有的直截撑起来。夏初的河面，是热闹的竞争，是新荷生长的竞争。而到了夏至时节，河道已全然看不出原样。此时，成熟的大荷叶是主角。它们如军阵，静默在水上，俨然威严不可侵犯。深绿的荷上，点缀着朵朵洁白绽放的荷花。午后猛烈的日光透过荷裙，那光线滤成了绿色的，荷下灵动的水，也透出了汪汪的绿。惬意莫过于，人在堤上走，透过茂密的杂树，满河的荷叶厚厚地铺展着。馥郁淡雅的荷香直可让人醉倒。而这荷下水中，成了我们少年酷暑避暑的好去处。静静的河面上，忽看到哪一块有荷在动，下面肯定有光腚的小儿在踩着那期盼已久的甜甜的新花藕。小孩儿啊，聪明反被聪明误，纵然有放哨的角色，可怎敢那经验丰富的看藕人！荷叶动，便是他的信儿啊！

哦，我少年的夏日故乡，十里长堤，十里人家，十里杂花生树，十里芙蕖飘香，十里天空蓝蓝鸟儿翱翔，十里炊烟袅袅儿童欢畅。故乡，我将何以为报，草草文字难纾心中梦想！走出故乡几十载，梦中时萦着这夏日的故乡！故乡的荷塘！

在这灿烂的夏日里，我们有什么理由不好好地品尝这人生美好的境界？"鹿角解，半夏生。"虽说过了夏至，万物生长旺盛的劲头正在削弱，可我们不正能看到这孕育着丰美希望的日子里，一派令人喜不自胜的图景在待着我们吗？依然在我们的微信群里，大家都给刚刚参加完中考、高考的孩子以最美好的祝福。我总是认为吧，这祝福是那么真切。是啊，一个孩子从儿童到少年，正像这满池夏荷，一个个亭亭玉立，可哪一个不曾经风雨，才出落得如此华美，不管他们未来如何，他们不也正向这个世界吐露出自己的芬芳！

看到少年，我总是高兴。

每一个孩子的未来都是美好的，这是我在盛夏之季，对孩子们的一种期许与肯定。

江南杨梅天，格外清新气朗，因为，我们内心充盈着满满的希望。

夏至：十里芙渠尽飘香

小暑
绿树荫下话农忙

　　"倏忽温风至，因循小暑来。竹喧先觉雨，山暗已闻雷。户牖深青霭，阶庭长绿苔。鹰鹯新习学，蟋蟀莫相催。"唐代元稹的这首《小暑六月节》为我们完整地描述了小暑节气的三个候征。是啊，随着小暑的到来，热风扑面；大雨来临之际，竹子在风中喧闹。雷声中山色灰暗；一场场雨下来，门窗上有了潮湿的青霭，台阶上长了青苔；而老鹰呢，它们感受秋之肃杀之气将至，早早地带领儿女们练习起搏击长空，而蟋蟀羽翼长成，也为躲炎热，开始从野外入户，穴居墙壁。而关于这蟋蟀，《诗经》里也生动地反映了此时小暑节气里这种小虫的表现，"七月在野，八月在宇，九月在户，十月蟋蟀入我床下……"（《诗经·豳风》），小暑到来，越来越热，野外呆不住了，蟋蟀先在房檐下暂避暑热，后来又不行了，它们跳过人家门槛，干脆登堂入室了，再后来，索性在主人的床下尽享凉快。古人寥寥诗几行，描写得多么传神！然而，这个节气里，表演得最激烈的，还是知了。

　　听——

知了拼了命地叫着。

这夏天，终于热了起来。湿叽叽的梅天已过，那每一缕风里，带来的是火一样的感受。没有好的去处，大槐树下，倒还是有些清凉。正好，那风从荷塘里吹上来，还带有一阵清香。这几天，白糖拌新藕，真是一道极爽的下饭菜。还是上午，歇凉在家的男人，熬不过那暑热，钻进了那浓密的荷塘。回家时，只穿件短裤。那上衣，卷了几截嫩藕，只等中午厨下端来一碟光亮的藕片供他神仙一样的吹啤酒。这是几十年前的事儿了。而现在，没有了躲不过的夏，全天候的空调与风扇，什么暑热敌不过呢？

不管如何说，天太热，几家邻居在一起，在一棵大树下，共享这一片荫凉，总是温馨与惬意的。抬起头来，田里这时候，绿油油的稻子正在养穗。或早，或晚走到地头，还真看到沉甸甸的稻子勾下了头。大家总是在一起议论着，哪家的哪块地，将会有好的收成。而往往被点到的田的主人，总是谦逊地一笑。总是说着自己的不如别人。是啊，人勤地不懒啊。你看，就是他，在这稻子养花出秀刚刚孕穗时，他已早早地在田里，在茂密的稻颗间，抽上沥水沟进而烤田了。当人家问他为何这样做时，他却笑而不答，只说，多少年了，他都是这么做的。他虽没有说什么，却有人暗暗地学着他了。第二天，果然有人在田里一锹一锹地挖起来了。

刚才还是晴空万里，说话间，天打南边起了高楼，黑压压地压过来。各人抬起屁股，跑到最近的一家。几滴雨砸下来。把地上的泥灰溅起，紧跟着大雨倾盆。这雨下不长。雨一歇，彩虹出，蝉又声嘶力竭地叫了起来。傍晚，放水的人从田里回家，墙角的蟋蟀，也拉开了弦子，凑起了热闹。"一天一暴，坐家里收稻"，嗅着熟悉的泥土的气息，享受着农活不重时的悠闲，那早已成记忆的农家场景，是真的离我们远去了吗？

晚饭时，老老小小的，又端起了大海碗，又聚到了大槐树下。

这时候，农家饭头上的菜蔬似乎比前阵子好看多了，有了鱼肉或宰了牲口。前一阵子夏收夏种把人忙坏了。而不到半月，就要是"双抢"大战了，这时真要养养膀子了。为了这"双抢"，各家各户都在做着充分的准备。到铁匠铺子里，打几把好钢火的锯镰刀，什么扫把、簸箕之类这几天成天价的有挑担上门来卖的，都准备好。把稻场用碌子压实做平晒新谷。饮食上呢？备足早餐酱菜，计划哪只麻鸭或仔公鸡加餐待宰，这几天要把它们喂得饱饱的。还有什么十滴水、板蓝根、蚊香之类，能想得到的地方，都要把准备好。"双抢"抢的就是速度，是农时，不能因为准备不足而耽误。

学校放假了，这暑天切实成了孩子们的天下。几乎没有什么升学压力的农村娃们，这时候，是他们一年之中最放松的时候。尽管也有了中考高考的传说，似乎离他们很远很远。白天下河以逮鱼摸虾踩藕为名，行水中爽快之实，经常惹得大人们围着河塘追打。也偶有喜欢看书的"小先生"，斯文在家，倒成了父母训斥不听话孩子时的正面教材。倒也是，当时的"小先生"，若干年后，真的成了同年长大的少年玩伴们的羡慕。他们有了出息，自然给村庄人家起了一个榜样作用。榜样的力量无穷。村上喜欢念书的孩子真多了起来。

是啊，读书和种田不是一回事吗？就和这小暑节气一样，是老天为了好的收成，热量积累使万物积蓄能量成熟的过程，是农人为着更大的收成而慢慢准备的过程，更是小孩读书成人懂得惜时走向勤奋的过程。

我思念呀，绿荫下的小暑天！

小暑
水韵乡村作家来

"倏忽温风至，因循小暑来"。（唐·元稹《小暑六月节》）

小暑之际，我们来到陶辛水韵。正是一年溽热之时，而那日阴阴的，气温也不高，时或小雨飘飘，女士们撑伞，着艳装，点缀在队伍之中，倒也是一景。

队伍，便是芜湖市作协水韵采风团。文人与水韵结合，倒也是一桩让人小有羡慕与期望的盛事。我位列其中，心中肯定快活。

必经之路的湾石路上一桥在修，恰通过水韵段限高。大巴便在圩村处，离湾石路至荆山大堤上绕行。孰知这一绕，倒成全了我们，给了我们平时一个意想不到的高视点。站在大堤（陶辛圩西圩埂）上，放眼望去，千亩荷塘烟霭中，处处村庄宁静里。真的是让人心旷神怡！

因境内河网密集，因地制宜，以荷为龙头产业，这是陶辛人的创举。引来周边甚至更远的人们前来观荷，使产业与旅游相互促进，共同发展，这也是一种模式。以荷之美，荷之韵，促进荷文化品位之提升，这可能是陶辛人最高的追求吧。其实啊，陶辛效应，早已带动了周边乡镇的共同发展。东边的方村，南边的保沙，如果你开车前往，也是荷田连片，荷花芬芳。

陶辛水韵，我来过几次，而每一次来，都能感受到新的变化。正是这些变化，是吸引我不断前来的原因。去年，陶辛水韵举办盛大的荷文化节。观看一个个以荷为主题的节目，让游客处于浓浓的荷文化氛围之中。我去时，看到各色静于水面的睡莲花，高高立于荷叶上的荷花，旗袍秀女士们手中的伞上的荷花，加上孩童们手中拿的各色各样玩具荷花，或高或低，或动或静，共同形成了一个多彩的花的世界。穿行在游人中间的飘飘欲仙的荷花仙子；来自四里八乡的参加水韵文化代言人大赛的比拼的年轻人；香湖岛上传来阵阵悠扬的黄梅小调；中午快餐中爽口的嫩荷炒蛋和香糯的荷叶饭……一切的一切，都足以让人流连忘返。

而这次来，我又一次感受到的变化，是一些文化元素的植人。而这些文化元素的植人，更加提升了水韵文化的品位。你比方说，进人景区，首先是一处书法绘画展览。让我眼前一亮！这些字画展现了陶辛人的精气神，也让我们这些操弄文字的人有了一种归属感。书画展旁边，是荷产品的精品展区。想想前几次来，偶见路边零星有农民卖着莲子和藕粉，显得有点乱。如今，一些产品已经成了有商标有销售渠道且具有地方特色的商品了。荷藕产品成了文化代言的一部分！

最幸运的是那些正热烈开放着各色荷花。它们正赶上作家们的到来。作家们从各个角度拍摄着自己喜爱的作品。田间的小路，早已被旁逸斜出的荷叶占领，人们不忍破坏那些荷叶，轻拂着前行。于是，他们的镜头便能近距离尽情拍那些恣意旺盛着的花儿。甚至能嗅到花蕊的甜香，看到蜜蜂在蕊上传粉授粉的一举一动。而在他们专心调焦时，却被不远处的人们摄人了他们的镜头。女人们，善于摆出各种造型，与出泥不染的芙蕖来一个合影：宛在水中沚，温婉可人。同行的章女士，对这景色赞不绝口。她说，平时坐办公室，行走于楼宇之间，这下来到大自然中，感受到了无限的美好。她表示，回去一定要写一篇美好的文字，把这种美好的感觉定格起来。我想她的愿望一定能够成为现实，因为，她当时便不自觉地梦呓般地吟出一些好词佳句，回去案前一连缀不就是一篇好文吗？

雕塑，让行走的游人驻足。你看，天色已晚，牧童吃力拉着不愿出水上岸的水牛，栩栩如生，足以乱真；老树上，一只小松鼠，看到来人，正准备逃，惹得我们中的一人，想伸手去逮；芦苇丛中，几只白鹭正在浅处觅食，仿佛还听到了它们瘦长的腿搅动水的声音；几只鱼鹰栖于竹篙之上，惹得红衫诗人忍不住和它们留了个影。大堤下，"陶辛官圩"大钢雕，构思奇特，"圩"，立于圩上。它把久远的圩田史与现实存在交汇于一点，给人思想上的张力。同样，一幅名为"井田"的钢管交错的构架，处在纵横交错田塍间，也能让人展开无限的联想。这些无声的雕塑，凝固的瞬间，是水韵江南、荷乡陶辛的艺术表达，冲击着人的心灵，让人产生愉悦与哲思。

站在大堤之上，远处是高铁飞驰。我想，那些高铁乘客们指着窗外，向同伴说，这里就是千亩荷塘，陶辛水韵。他们把水韵品牌传向远方。而我们脚下的荆山河滩上，是一片蓊蓊郁郁的杉木林。导游说，我们现在所在的位置叫作百鸟滩，杉木林就是为鸟儿们营造一个安乐的天堂。可我们连一只鸟也不见飞过呀。然而，路边的一棵棵柿子树上的柿子却分明被鸟啄得精光。导游见我们奇怪，连忙说，这些柿子树就是专门为鸟儿们种的。结出的柿子就是让鸟儿们啄食的。他这么一说，人们发出一阵惊讶声。"人文情怀！"有人赞道。尽管没见一只鸟，我却能想象得到，成片鸟儿飞来的人鸟共存的美好景象。

"水韵开发，当地老百姓有多大福利？"我问。

"一部分人先富起来，还有一些农户需要带动。"导游说。

是啊，一个地方不管采取何种发展方式，还是要看老百姓的获得感如何。于是，我们便一起去水韵新农村示范点张社一走。村庄还是记忆中的村庄，可又不全是记忆中的村庄。恰似一派桃源世界。作家们边走边这样赞叹。"荷风送香气，竹露滴清响。"（唐·孟浩然《夏日南亭怀辛大》）这里沟沟渠渠，水清流碧，水岸整饬，花草摇曳。人家房屋，各自东西，房前屋后，干净整洁。只见高低竹树，参差掩映，纯美古朴。菜园时蔬，丰硕多姿，惹人喜爱。村中道路各处相通，干净的大气的主道，曲径通幽的小道，都仿佛能通向一个令人神往的地方。大广场，小公园，是村民娱乐休憩之处。"能在这儿有一套房子，住下来，此生足矣"。作家中有人这么说。无须从村民口中了解什么，实实的看见，说明了一切。村边田间，有西瓜卧畦藤间，争相鼓圆长大。刚插不久的单季晚稻正一个劲儿地拔节生长。更远处，依然是荷田连片。天底下，即使能在这么宁静和美的夏季村庄走一趟，也是幸事一桩！而能在这儿劳作生活的人们，夫复何求？

这，便是小暑时的水韵乡村。

大暑

大暑正伏天

对于每一个人来说，旅行绝不是一种好差事。那是一种痛并快乐的过程。在今年最热的天气里，我们却跑到了中国的大西北。企图能躲避一下高温的困扰。那么，西北就不热了吗？错也，你到了鸣沙山，近四十度的沙面温度，你也顾不了了，好不容易来了一次，豁了命地往上跑。上了沙山，虽能看到沙漠奇迹月牙泉的全貌，可一百三四十次的心跳，会让你受不了。不谈爬沙山？不管哪儿下得车来，高原上直射的日光，让你睁不开眼。即使是这样，家乡的溽热的感觉也是跟着你跑。有这么一个段子：悟空说，师傅，前面这么热，可能到了火焰山了吧。唐僧说，胡扯，前面是芜湖！段子幽默，却说明了地处江南的芜湖的大暑天，是绝不逊于西北。极端高温近四十度，是常态！猛烈的日头也是那么毒。你是说，这样的天气里暴雨多吗？不错，可那雨，来得急去得也急，雨后，彩虹映照的天空被洗了一次，日光更肆意地射下来。人不敢出门！

早上晨练前，抓一把米，放在煲里煮粥。伏天晨练的坚持，是优美的。夏练三伏，是意志的考量。挺过最艰难的时期，余下的时光，是更好的享受。晨练过后，从街边带几个馍，就着几样小菜，喝着稀饭，是一种享受。再熬一锅绿豆汤，加糖，入冰箱里镇一镇，拿出来，便是消暑上品了。西瓜正当时？我以为，还敌不过这上品绿豆汤！

我对于三伏暑天刻骨铭心的记忆是那"战天斗地"的"双抢"。两年三熟的耕作制度，使得长江中下游一带的农民每年在最热的大暑天前后十来天的时间里，忙于早稻的收割和晚稻的栽插。炎热恶劣的天气和以人的自然体力为主的高强度劳动高度结合，是意志的考验。不是吗？家庭主要劳力扛不住了，他或她是没有理由退却下来的，去医院打吊针或遵医嘱休息几天，是不可能的！至多，在白开水里，加一点糖，权作补充营养了。不管是头昏还是脑热，照样起早摸黑地干。因此，每年冬至前后，做田人家不惜重金总是给家里的主劳力，抓一副十足的鸡药来补身子。为的就是有一个好身子，在"双抢"时，一以当十地拼着命！惬意的是自己家任务先完成了，在大树荫下看着别人在劳累。最得意的是，当别人家忙得不亦乐乎时，你在后面帮人一把，人家会给你最虔诚的感激。而这种感激，会让人家挂在嘴上，一直讲个三五年，甚至永不忘怀。可是，不管怎么说，那些纯朴的老农们，尽管在这大暑天里，拼了命地劳作着，可是，又收又种秋天再收的喜悦总是表现出来的，"人勤地不懒"这句话，是他们这时候说得最多的话。

我对于"双抢"的记忆不止于此，而更多地来自自己。作为一个农村读书人，正处于暑假的"双抢"你是逃脱不掉的。此时村中所有人，不会因为你是一个正在县城读书的高中生，而把你当作这大忙季节的局外人。"吃得苦中苦，方为人上人。"这是人们普遍的朴素的哲学。"只有吃吃苦，才能更好地读书，以跳出农门。"这也是家庭教育的一个重要手段。是啊，凡是经历过这样劳动的人，有谁没有想迅速逃脱的想法呢？一辈子面朝黄土背朝天的父辈们是不可能的了。没有上高中的村中的半文盲孩子也不可能了。人们把希望都寄托在我们这些能有幸上高中的青年。可是，我们的"双抢"却是常人难以比拟的呀。十八九岁的小伙子要强的个性，与做起事来外里外行的矛盾，格外让你吃力。然而，尽管累死累活，我们始终有一个希望，总有一天，我们能够脱离这要命的"双抢"，所有的希望都押在了读书上。现在，由于水稻新品种的出现，那种"野蛮"的"双抢"已渐渐消失。而我现在在这大暑天想起那特殊的日子，真觉得它是我人生中的一种财富！

"人情正苦暑，物怎已惊秋"。（宋·司马光《六月十八日夜大暑》）古人在这暑热之中，感慨人生苦短。可我却以为，正是在这溽热的历练里，我们看到最美的风景，收获满满的希望，锻造出了最完美的人格。

大暑

忙里也有闲

大暑是夏季的最后一个节气，其气候特征是：斗指丙为大暑，斯时天气甚烈于小暑，故名曰大暑（北斗斗柄指向未位之时）。三候，腐草为萤，土润溽暑，大雨时行。大雨使暑湿减弱，天气开始向立秋过渡，正所谓物极必反。

腐草为萤，不是一种传说，而是大暑节气的一征候也。有的人认为，是草腐败了，生出了萤。其实不然，而是因为，这萤子，把卵下在草上，到了大暑时节，这草腐烂，此时的气温与湿度，正适合这萤卵孵化。于是，夜晚我们便可以看到流萤来往，增添了无限的情趣。然而，有流萤的夏夜，在扑流萤的当口，却时时隐伏着意想不到的恐惧。那便是灵火（磷火，俗称鬼火）的存在了。那是不远处的废河埂上乱坟岗子里，成片的蓝幽幽的火光闪闪被我们看到了。看到了不打紧，倒是曾被告知，看到了，就有不吉利的存在。因那时，人们的知识无从解释灵火的存在，只有让迷信钻了空子。现在好了，知道了是在大暑节气，一年最热时节，骨磷在近四十摄氏度便自燃。有了风，便肆意地顺着那风流闪起来，而且人行有风，这火便跟着人行。早时的人们，便以为鬼追人，愈发增加了恐惧感。古人读书勤奋者多。囊萤映雪的故事，便是一个很好的反映。说的是晋代有个叫孙康的，家贫，冬夜映着雪光读书。也是在晋代，有个叫车胤的人，家里贫，夏夜练囊盛萤，借萤火虫的微光读书。（事见《初学记》卷二引《宋齐语》《晋书·车胤传》）"轻罗小扇扑流萤"那是深宫怨女的事。大热天星空下，追逐萤火虫找乐子，是小孩子事。

萤火流飞之时，那些在白天劳累了一天的人们，为着明天的"奋战"，早已经进入了梦乡。

是的，"禾到大暑日夜黄"，"大暑不割禾，一天少一箩"。对于农村来说，一年中最紧张，最艰苦，顶烈日战高温的"双抢"战斗便拉开了序幕。"早稻抢日，晚稻抢时"。早稻收割，晚稻栽插，人们是在跟时间赛跑。在大集体时代，生产队与生产队之间比进度。"农业学大寨"的精神余绪还在，一种赶超的精神还夹杂在无比的忙碌之中。记得那时，大队在下放知青的协助下，办了一份油印的《"双抢"战报》。报道在"双抢"战斗中的各小队的进度和表现优秀的好人好事，更利用田间地头的小喇叭喊出来。于是，这份小报，在这火热的天气里，给人们的热情再添上一把火。人们不分白天黑夜地连续作战，一个个像充了气的皮球，仿佛没有了疲倦，为的是走在别人的前面。然而，即使你走在了前面，你也不忍歇下来。怀着一份无私的大爱，受着小报中的某种鼓动，整队的劳力，自豪地前往别队支援。而后来，分田到户，而"双抢"犹在。只不过由集体战斗变成了一家一户的单打独斗。没有了集体的组织与鼓动，可那干劲儿一点也不减。唯一不同的是，家中几乎是全员参与。

我的高中时代，丝毫没有今天高中生那种百般娇气，每年的暑假都要回来，经受一下炼狱一般的"烤验"！割稻，掼稻，拔秧，插秧，各种农活都来，而且是因为外行而格外出力的那种。我常常挑着一担湿稻子，总有百把甚至二百来斤吧，咬着牙从没膝深的水田泥中挣到田埂上，再光着脚板在逼仄的打滑的两边都是茂盛的豆棵子干扰的田间小路，走上一两里路，把稻子送到谷场上。那一瞬间，就是我一生中最艰难时刻了。可是，即使挣命，我也总得要把这稻子送到位，一者，为了家里的进度，二者，作为一个小伙子，总不能丢人现眼吧。可当听到人们说，一个念书人，能这么吃苦，真不容易啊。这时，我心里很满足。不管如何，我还得感谢这种超体力的体验：它告诉了我，人的一生，没有过不去的坎！

再一个，就是磨练了我的顽强意志。在生活中，有几个比较好的习惯我长期地坚持了下来。我为自己点个赞。

"东边日出西边雨，道是无晴却有晴。"（唐·刘禹锡《竹枝词》）夏天的雨啊，就是这样，让你捉摸不定。当人们正在田间热火朝天地干着。忽见西南边云山堆起来了。于是，听到队长哨响，立刻，每个人都丢下手中的活，朝打谷场跑去。这场子里，可是他们多少天来劳动的成果，满场的黄澄澄的谷子呀，不能被雨淋着。人们跑到了，什么扫把、铲子、簸箕之类，随便拿起什么工具，朝着一个目标，就是把稻子堆起来，盖起来。人多杂而不乱，效率高，这便是所谓"抢暴"吧。可有时候，大雨来得太快了，还没有赶到场子上，大雨便铺天盖地，一场子稻被雨浇了个遍，让人痛心疾首，一个劲地埋怨队长或天气预报。这是一个激动人心的场面，万众一心，协力合作，充分体现了同村而居的村民之间高度的默契或者说一种生存本能。也往往在此时，一些平时有些隔阂的人，经过这一场短暂的磨难，一笑泯恩仇了。可能是因为，在这个一心向公的场面，彼此看到了对方的优秀之处而忽略了平时的芥蒂吧。

在暑假里，自家忙完了田里活，其余"则熙熙而乐"（唐·柳宗元《捕蛇者说》）了。有人说，此时最惬意的是，自己家的田里活忙完了在树荫下凉快，而看到别人家还在暑热中坚持着。这话虽有点自私，却也是现实。是啊，自家忙完了，也是精疲力竭了。想帮人家一把，往往是惰性战胜了激情，倒也可理解。而我呢，此时可以在蝉声里，在安静的房间里，继续我的课业了。"何以销烦暑，端居一院中。眼前无长物，窗下有清风。"（唐·白居易《销暑》）写得多好啊，那便是，一个人，如果没有不切实际的非分之私，内心自然是平静的。在当今世界，缤纷繁华，而古代士大夫的境界，不正是我们的一种行为圭臬吗？在这暑热里，经过一番奋斗后，追求一种心灵的宁静，不是很好吗？

大暑之后，立秋便至。立秋到来，一片绚烂而又硕果累累的季节，给我们另一番的热爱。而在这大暑来临之际，我和几个志趣相投的人，游走在中国的东北，祖国江山碧透，边疆祥和，给了我另一种的大暑体验。是啊，人生不就是这样吗？我们就是生活在想象和异趣之中，从而感受到了丰富与多彩。比方说，我写以上文字，回忆旧时，反而温馨。

立秋

一夜新凉是立秋

立秋将及，我早对秋怀有期盼，正如所有经过酷暑的人们一样。

没有春的青涩、勃发与绚烂，秋是一种静娴成熟之美；没有夏的热烈、狂野和贲张，秋正渐渐滤去躁动，去迎接那稳稳的深沉；也没有冬的沉寂、冷峭及肃杀，而秋天里的温情与平和却永远让人留恋。

在一个四季分明的地方，正如我所生长的江南宜人之城，秋天的印象，总是天高云淡，风清气畅。没有了春困融融，疫疬频发；没有了三伏炙烤，热浪熏陶；没有了三九煎熬，寒潮侵扰。秋，真是一个不错的季节啊！立秋，秋之序也。过了立秋，我们将享受那和美的秋天了。对于秋，我寄予了很多憧憬。

于是，我想起了立秋时节那可爱的小香瓜。

我从岳母家回来，带回了几个小香瓜，准备当水果用。当时在园子里，翻藤找瓜时，我就想到了范成大《立秋》里的两句诗："折枝楸叶起园瓜，赤小如珠咽井花。"我佩服诗人对于时令描写得是多么的服帖。吃着小香瓜，我定会回忆起小时候。一老叟挑瓜来卖，那慈祥的老人，剖开一个瓜，分给围拢了的孩子们一人一瓣。我们连那红红瓜籽都吞到肚子里。在物资匮乏的时代，能吃上那香甜的瓜不容易。那瓜的好吃劲儿，多少年都无法忘怀。因此，那时，产生了一种这样的理想，总有一天，我能一人独享一个香瓜！这种记忆，一直留到了我五十多岁。这不，现在，我能得闲品尝这种小香瓜，还是保持那连瓜籽一起吃下的习惯。我感谢立秋给我带来的香瓜的香醇的回忆。正因为有了这样的回忆，我才能倍加珍惜现在的好日子。

几十年来，我在各种环境中晨练，田间蜿蜒的田埂，拉萨的缺氧的大街，漫漫风雪中，蒙蒙细雨甚至滂沱大雨中，我都跑过。这些都给我留下不一样的感受。近十年来，我在家门前的公路上晨练。这条路，从勘察，到开山填沟做路基，到压注沥青，再到高规格的绿化，我都一一看在眼里，记在心里。多年不同状况下的晨练，我有这样的深刻感受，立秋到来时的晨练是最惬意的。因为一段时间来的高温暑热退去，热带风暴带来的水气，让人一下子清爽起来。强烈的意志锤炼后的轻松，人如获得第二次生命一般舒畅。此时，我们不能指责天气预报的准确性，前晚还发布高温预警，可是第二天打开门，一阵清凉迎面扑来。原来，昨夜下了一场雨，我明白，秋，来啦。真是"秋风吹雨过南楼，一夜新凉是立秋"（明·夏云英《立秋》）啊。

公路两旁绿化的各色花草树木，它们也和人们一样，经历过一番热浪的袭击，可是，尽管如此，立秋将近，它们依然葱郁着，给我们带来清新。这酷暑后的清新，毫无凋零之感，我敬佩园林工人的辛勤和园林科技的支撑。因为天气凉了下来，晨练的人多了起来。其中不乏一些年长者，他们庆幸又度过了一个难关。斗转星移，风霜雨雪，几十载春秋，我已届天命。然而，看看这些初秋坚持的老者和满眼的秋花秋草秋林，他们正顽强地砥砺着，我有什么理由作小儿状自怨自艾呢?

　　"岁华过半休惆怅，且对西风贺立秋"（宋·范成大《立秋》），不是吗，古人尚能坦然面对逝去的韶华，千年以后的我们，又有什么理由嗟叹人生易逝呢？我什么也不管，朝前跑去，遇到熟悉的人，我挥挥手打一个招呼，分享着快乐。在清清的欢畅的小溪旁我停下来，与小鱼儿逗逗乐。高天上的云彩朵朵悠闲着。我把扫地的清洁工，路上奔跑的汽车，都装到心里，作为美的元素来审视。和一个熟人唠着重复多少次的话语，我也不嫌烦。一切的一切，使我那么愉快。我知道，那是立秋给我带来的福利。继续跑下去，将有更多的福利在等着我。我坚信！

立秋

秋社一日乐悠悠

参加过"双抢"的人们，或者说经历过"双抢"煎熬的人，都有一种切身的体验。那便是对于立秋的期盼。这种期盼中，有多种意指，什么天要凉下来啦，繁重的"双抢"胜利结束啦。当然，这里，还有一个重大的期盼，那就是全村人的大聚会——开伙！（读平声）

当然，这全村人的大开伙，一定是在"双抢"结束立秋后的某一天了。农事无休止，可是，忙也是有时有豆（土语，有忙时，也有闲时）。在二年三熟的江南农村，"双抢"当数最忙时节了。值天最热之时，又忙收，又忙种，劳动强度之大，是难以想象的。于是，人们盼着这样的日子快快过去，而立秋，正是这样的一个节点：如果晚稻的栽插过了立秋，对稻子以后的生长结实便有了影响。因为水稻对于热量、温度、光照要求都很高。于是，人们拼了命地干呀干呀，争取在立秋完成"双抢"大战！

终于，"双抢"忙完了，这下，可以尽情地在家养歇了。尽管新插的秧苗还在水田里没有活过棵来。那不管，那是老天的事了。在家歇着歇着，突然有一天，传出话来，队长说，某天开大伙。这样的话，赛似一阵凉风经过，也不亚于我们现在听说加工资那样的令人振奋！

于是，某一天早上，人们真就听到村中有猪被宰叫的声音。幸福的时刻终于到来了。这是队长的话兑现了。一传十，十传百。顿时，整个村庄笼罩在一种节日的气氛之中。是啊，前一段时间，大家都忙，哪家也都来不及吃一顿好吃的。况且，就是不忙了，也没有哪家舍得割来足够的肉让全家人饕餮一次。有的人，就是指着这一下，来满足一下数日来的"不知肉味"。甚至，有的人家，中午一顿干脆就免了。这不是假话，搁到现在，就是开玩笑的意味了。

没有人安排，也没有人叫唤，平日里村中几个家常菜烧得比较好的妇女，自然前往掌勺。场地一般是村长家或者是驻村的村干部家的院子。于是，这一天，这个场地上，便格外热闹。全村的小孩，全村的狗，全都聚集到这里。邻村的要饭的，也来凑个热闹，以便讨得一碗肉饭。午饭过后，不到个把时辰，村中空中，林子里，甚至于墙角旯旮里，都飘散着大锅肉的诱人香气，这种香气被裹挟在热烘烘的气息之中，让人有一种幸福感。

大家有一个默契，就是早点开饭，否则，会和蚊子抢着吃。这样，约太阳西斜刚擦场西大柏树梢时，七八桌用大脸盆盛肉的桌子，齐刷刷地摆放在院中，热气腾腾。当然，每桌上也有红烧鸡鸭之类，丰盛着呢。酒是从供销社买来的，每桌一桶，十斤或五斤装，不够还可以加。小孩子绕着桌子垂涎三尺，可是没有哪个敢碰一下。因为，他们吃过亏的，以前开伙的时候，有人动了一下，立即招来一阵恶骂，说是一定要让男劳力先吃！狗儿，也摇着尾巴，绕着桌子，走来走去。

陆陆续续的，男劳力坐上席了，十人一桌。村中老人，也被搀扶着来开一下荤。有的老人不肯来，饶是敌不过来人的力劝同意前往。但老人，不是拼酒拼很长时间，只吃那么一小碗饭便回。要饭的，端着堆着高高肉菜的一碗饭到边上吃。农村人，就是这么实诚，认为，要饭的能上咱们村来讨，说明他觉得我们村的人心好，故而，给他很多的肉和菜。男人坐剩下的桌子，便是女人们随坐了。小孩子们端着大碗蹲在自家大人身边，由大人拣着许多菜吃起来。甚至有女人骂自家小孩子，吃不过别人家的小孩子而显出很生气的样子。一会儿，便听到不少狗在桌下抢骨头打架的声音。

整个场上，充满了快活的空气。

三杯酒下肚，男人们，女人们，便一改往日的客套，开起了玩笑，甚至是一些很露骨的段子也出来了。拿弗洛伊德的话来说，是长久劳累而压抑的闷骚，在这么一个放松的场合，得到了一次空前的释放。或者用陕北老汉重重的鼻音说，骚情着哩！甚至，有人口到，手到。稍有年长的说，有小孩在，注意点。可是人家怎么说，小孩子也要长大嘛。我以为，这可能是农村娃们最早的风情教育公开课了。

结局是，家家扶得醉人归！

这便是"双抢"了田以后的村中开伙了。当然，我好像记不起这个活动过程中，有什么宗教色彩。说它是秋社，用以祭祀土地神，牵强一点，可能也能说得过去吧。要不，现在每年阴历七月半，农家单门独户的祭祀，是不是这种秋社的现代版呢？又，民间有"贴秋膘"一说，意即，秋风起时，胃口大开，就要吃点好的。增加一点营养，补偿夏天的损失。不去揣摩吧，这种整村开伙的场景，令人还是回味的。

其实，一个农民，一年四季，忙个不休，他们何尝有休息的时日呢？春耕夏耘，秋收冬藏。同时，养儿育女，赡养老人，他们一生也是生活在希望之中的。就如立秋后，开了伙，他们又在考虑筹划三秋的工作了。他们不断地忙着，也在不断地实现着自己的希望。

　　我的老师洪绍裘先生，最近在《芜湖日报》发表了一篇文章，文章讲他下放六年在农村参加"双抢"的真实感受，写得很具体很感人。我想，他肯定也有参加立秋后开伙的经历。可是，他却没有把它写出来。或许当年在农村，当他看不到前途与希望时，可能也和一个普通农民一样，过着春夏秋冬的农事生活，且差点做好了栖身乡里的准备，准备在乡下劳碌且快乐着。然而，一旦外部发生了变化，我们的洪老师乘势而起，告别了他生活了六年的乡村。以后，他在县城中学当过教师、校长，在县里当过县长。在这同时，他刻苦钻研法律，退休了，还是一个知名律师。现在，我每次和他聊天谈话时，总是感到他是一个乐观和自信的人。我想，在洪老师人生每一个成功之时，他可能都产生了喜悦与兴奋。可是，你若问他，这些兴奋与当年开伙时的感受，谁更甚呢？你看他怎样作答？然而，我在此可以这样说，正是这六年农村生活中与农民一起喜怒哀乐，才是他日后不断前行不竭的动力之源吧。

　　我曾经看过一部电视连续剧《情满珠江》，剧中女主人阿黛的一句话至今记在心：乐时不在意，苦时记在心。此言此文，与大家共鸣。

处暑

七月半里见乡俗

　　的确，立秋，给暑热中的人们带来了希望。可是，"秋老虎"发威，却不能让人松一口气。"秋后十八盆"，言立秋后，还要坚持一段天天冲凉才行。近二十天后，正是处暑时节。一叶落知秋，是秋之始。一阵风之后，满池树叶飘，便是真正的秋了。

　　"疾风驱急雨，残暑扫除空"（宋·仇远《处暑后风雨》），这是我们最开心的时候。没有了毒热的太阳，满天价淡淡云朵，暌违已久的凉风有让人脱一层壳的快感。几乎全村的小伙伴手拿自制的风车谷场上空田里欢快地跑着。蜻蜓伴着我们飞舞，小狗们也前后跑跳。盛大节日般，我们迎接秋凉。

　　而处暑时记忆最深的，恐怕要数七月半了。

　　七月半，又叫鬼节，没有固定的日子，七月前半月任一天都行。节日以祭祖为重。平常百姓家祭，不会弄什么整只的三牲那场，用碗盏装着三牲的熟块，略作表示而已。烧上纸钱，给亡故的先人。然而，这个节日还有一个名字，叫吃新。这个吃，吃主便不是鬼，而是人了。似乎表明，早稻收割，有了新米，就不会挨饿了，这一年的日子就有了新的盼头了。同时，在祭拜的同时，会告诉一下先人家庭兴旺、人丁发达之类以宽慰，实则在自我勉励顺便激励小孩子而已。

而现在，这种仪式演变成了亲戚朋友之间交往的一种方式。因已改种单季晚稻，七月半不会有新谷碾新米了。不像清明中秋端午那样有局限的时间，而七月半拉的时间较长。于是，就富裕了此时亲友来往的时间。今天在哪家，明天在哪家，比较从容。等要邀请的人到齐，饭菜已经准备停当，祭了祖，烧了纸以后，才可以正式入席。人们对于祭祀还是庄重的。主人家在烧拜的同时，客人们只能在一旁装着似乎什么也没有看到。平时再爱说俏皮话打情骂俏的高手，这时候也是闭口而立。然而，多少天以后，一些让人有些好笑的或者不规范的动作，才浮出水面，被高手们打造成好笑的段子，在村中流传一段时日，甚或让人永久记忆。

然而，七月半，对于孩子们而言，却是一件冷不丁的好事。假着这个仪式，我们在平常日子里得到了一次犒赏，打了一次牙祭。却也受到了很多古里古怪的教育。比方说，不能把筷子平行插在饭头，以防老祖以为在祭拜而来"抢"着吃；晚上不能晒衣服，否则鬼会借着穿的；还有就是八字轻的人，不能走夜路等。文化程度不高的父母，唯恐我们记不住，几乎每年都要重复。他们把这些当作真正的知识来自豪地给我们传授，给我们在成长过程中，制造出一些极具恐惧感的氛围。多少年后，我们才能甄别它们的真伪。乡间的人们，在这种文化中代代延续，对抗着现代性。我也说不清楚这些东西到底还能传多久，仿佛在乡间，隐隐约约地还能听到一些吧。

酒杯端起来，男人们大都说一些田间地头的事儿。晚熟稻子已谢花结实，甚至有的田块稻子已经勾了头。今年雨水好，收成肯定不会差到哪里去。从田里说到菜地，不是吗，这时候的菜地里，杂草早已经刈去，各种藤蔓已经牵走，秋辣椒秋茄子已摘掉连杆子都拔掉了。连续的晴天，新翻的菜畦地土已晒得发白，单等老天苗一点小雨，是时候种萝卜和白菜了。而此时，小青菜已经间了几回，这不，男人们品着酒，再来一份小青菜蛋汤佐饭，到地里去现掐，便成。人勤地不懒，因时而作，才能有现成的口福之享啊。酒毕，虽然谈不上"家家扶得醉人归"（晚唐·王驾《社日》），可是，雨后新凉下，三五个老哥们使着小酒劲夜色下吹着牛皮一同回家的情景，实实的真金难买啊。

天，真的凉下来，是考虑秋衣秋裤的时候了。而贪凉的孩子们是不买账的，扣扣绊绊拉拉链链得限制他们多少自由啊，就拿这双几个月都光着的脚，能一下子适应鞋子的约束吗？尽管母亲们编造出七月半似的故事来吓唬，效果也不咋地！你想，再过一段时日，又要背起书包去学校了，为何不让他们再多疯一会呢？老有老趣，小有小乐，这就是乡间的七月半唉。

处暑

携风带雨除酷热

"粤近处暑烈日炎，寝食不安难休歇。期盼天秤速来到，携风带雨除酷热。"（胡茂文《处暑前三日》）

是啊，立秋，仅仅是给人们一种心理上的暗示，那炎热的夏，即将过去。事实是，立秋以后，天气还是那样的热。人们形象地把它称为"秋老虎"。而在日常生活中，也有"秋后十八盆"之说。对于这"十八盆"，言人人殊。十八，是个约数，倒不是一个确定的数。有人理解为，立秋后，天继续热，要洗十八天澡才行。而有人理解为，是十八盆炭火的热力，继续烤炙着大地，让人热得不行。还有人说，这是听到晚上秋雨淅沥，是王母娘娘倒下的十八盆洗脚水，这话用语不雅，对天上神仙也有揶揄不恭，可是却有一种盼望，洗脚水浇过十八盆，真个把人间浇出了"一场秋雨一场凉"。2018年，可是一个特殊的年份，立秋过后，不到两周的时间内，云雀，摩羯，丽琵，贝碧嘉，赫克托，温比亚，苏力，这些台风扎堆来袭，虽然造成了一定程度的灾害，却实实地在溽热中，带来了丝丝的清凉和舒爽。

于是，在这热热凉凉、风风雨雨中，我们的处暑真的来临了。"处，止也。"按《月令七十二候集解》的说法，"暑气至此而止矣"。这是书上说的，至于这以后热不热，还是听天由命。这一段时间，热一点，倒也没有关系，一者，秋老虎毕竟是余威了。再者，这时真的是一段农闲时，"四时俱可喜，最好新秋时，柴门傍野水，邻叟闲相期"（陆游《闲适》），相期什么呢，到一起来聊聊呗。这里大树下，一片阴凉，十八天老东风送来一拨又一拨的清爽。而田里的稻子正绿油油的，在这轻风下，一浪一浪的，真是喜煞人也。

聊着聊着啊，这七月半的事，便话在口边了。是啊，夏收以后，接连着又是"处暑禾乃登"，一次又一次的收成，对于自然神灵，对于先祖要有感恩之情哪。不唯人，就连禽类也如是也。《逸周书》曰："处暑之日，鹰乃祭鸟。"又曰："鹰不祭鸟，师旅无功。"《月令七十二候集解》也说道："鹰，杀鸟，不敢先偿，示报本也。"相传，鹰是义禽，"不击有胎之禽故谓之义"。在这个秋季肃杀的节气，鹰虽搏击诸鸟，但所获之鸟，必先祭之，就像农人耕种丰收，祭祀天地祖先一样，敬畏神灵，感恩报本也。

下面，我不揣粗陋，实录我三十二年前的日记，与大家分享。

一九八六年八月十七日　星期天　晴

祭祀

粮食收上来了。人们忘不了祖上，必得祭祖。农家祭祖有两次（我们家乡年年如此）。一次是农历七月上中旬（不定于哪一天），另一次便是年祭了。年祭不消说，祭食是很丰满的了。但，七月份那次祭祖，倒也很忙火（自注，应是忙活）。有钱人家，选定了哪一日，便从早晨忙起，买菜的买菜，宰牲口的宰牲口，里里外外忙个不停，无钱人家，也要忙一阵，不过没有有钱人家忙得早，午后开始便是了。

下午，早早的祭祖。放鞭炮驱邪，烧纸钱，纸灰纷纷扬扬，空中尽是。正像文豪树人所言，老祖们喝得醉了，在领钱呢，像极了。（祭祖）必须一家人全在家，有时，还要接几个亲朋。然后，大家团团围坐，来分享祖先们的剩饭剩菜，以示孝心。

从我记事时期（应是"起"），我家每年祭祖，对此，我曾产生过这样的看法：迷信思想在作怪。其实不是如此吗？难道祖上真能享受到这个福分吗？但，大人们的命令，我也虔诚地磕头，祝愿……随着年龄的增长，我渐渐地悟出：农民忙着打上粮食，首先想到祭祖，这起码说明了他们对祖上有一份思念之情，忘不了他们。旧社会，他们辛辛苦苦，劳累一辈子。现在生活好转，他们安息于九泉，享受不到好生活了。祭奠祭奠，又有什么不可呢。首先，给我们父辈们心灵上有了一个安慰，人人如此，祭祖谁甘落后呢？况且，现在生活好起来，"双抢"过后，名为祭祖，实则合家举行一个会餐，又有什么不可呢？

这么一想，我觉得祭祖不是一件什么神秘的事了，心里也在想（是）应该（的事了）。每每家中祭祖，我也催促父母快办。烧纸钱，磕头，也不觉得是什么见不得人的事了。这有什么呢？几千年留下的习俗，又不是什么新的发明创造，向祖上许愿，也不稀罕，起码能完成心中某种寄托。

祭祖，家乡的风俗，愿永世流传。

以上的日记文字，记得是酒后微醺下写就，括号内的文字，是添或改的内容，以使现在读来更流畅一点。从三十年前的文字中，不难看出一些幼稚的想法，甚至还有一些用词上的欠妥。然而，我之所以选择用家祭中的这一次，是因为，在这一次祭拜许愿中，我们有了新的内容要向祖上汇报。因为，那一年，我家有了一大喜事，那便是，我高考达线了。

我达的是大专线。然而，那时的农村，可不管什么大专不大专，只要达线，便是跳出了农门，是家里出了人，那种喜悦不亚于现在什么重点大学的录取。全村人甚至周边的村人，都来道贺。也是在这一篇日记中，"催促父母快办"，有这样的文字多少也表明了我那时对于七月半的祭祖活动的认识有了或者说是文化层面的理解吧。我不也是有了一种朦胧的感恩意识了吗？知道了达线，只有录取通知书在手，才是最终能让人吃下定心丸。也只有有了通知书，家里决定在这秋凉之际，开学之前，设酒备宴以表达对于亲朋好友的谢忱之事，才能落实。我便多次到县教育局县邮电局里去问。这一段时间，家里的人，对于小猫小狗，小动物，都有了比平常多的佛心禅意，唯恐录取上，有什么闪失。也足见一九八六年那一次我家七月半祭祖的虔诚程度了。

当小船犁开家乡南塘湖早晨水面的平静时，我知道，我将实实地离开家乡去远方求学了。那是处暑之际，秋凉宜人的时候，父母给我备下行李，送我去芜湖师专的情景。其实，拿现在的交通状况，去城北，个把小时的事。可当时，水路，陆路，火车，汽车，辗转腾挪，便显出遥远的意境了，让我们从学校走向学校的孩子们，便有了一种离开家乡到远方的幸福感觉。也是在那时，我萌生了做一个合格乡村教师的志向。一来报答艰难的乡村的养育恩情，一来酬答父母师长对我的期许：家父在世时，作为一个乡村干部的他，多次对我说，以后当个老师好。已故恩师李承塑老师当初在指导我填志愿时，也是让我在第一志愿上，填师范。一晃三十多年过去了，很多事，如过眼烟云，而有些事，历历在目，尤其是记得高考前那个月光淡淡的晚上，李老师在教学楼走廊上，对处于思想低谷的我，敞开心扉，与我交谈，令我顿时对前路萌生了信心，也是在那时那刻，我感受到了为师者的伟大。

在我从教的三十多年里，我也时时想起父母师长的教诲，总是对他们充满着感激。农人们用着朴素的方式，对于先祖们表达着感恩情怀，而我，只有在工作中，不断地激励自己，好好教书，以表初心不陨。

处暑到来，正是天凉好个秋。我不断地收到我的学生考上称心学校的消息。我替他们高兴着，也替自己高兴着。但我总是不忘告诫孩子们，在他们的成长之路上，要永怀感恩之情，学成以报效父母老师、家国天下。

白露

露从今夜白

开学第一个周末，如以往一样，在小学里晨练。"天突然凉了。"有人说。

初秋的晨阳，照着学校的花圃，小草上便有了晶莹的露珠。"怕是白露了吧。"

果然，回到家里，打开手机，群里的人们，一叠声地在吟咏着美好的白露节气，图片和字里行间，让我们感受到生活的无限美好。

是啊，美好永流传，尤其是那么些美好的感人情感！

白露，是一个多么美好的节令啊。老天赐给我们这样的美妙境地。暑热真正地退去，冬寒尚远，金灿灿的秋色即将展现在眼前，这真真是和春天一样，是一年中，最令人舒服的时光。

可是，我们翻开古人的书，却总是显见文人笔下或淡或浓的忧伤中的白露。"有弟皆分散，无家问死生。"（杜甫《月夜忆舍弟》）此刻的老杜，在颠沛流离之中，看到山河破碎，思念不知生死的兄弟，更为国家而悲伤，总觉得他乡月，不如故乡明。"玉阶生白露，夜久侵罗袜。"（李白《玉阶怨》）这是一向烂漫无羁的汉子李白，为宫中怨女发出的喟喟低叹，却也让我们看到了这个貌似刚强者内心的柔柔的期盼。再来看吧，古人为什么总是把爱情的失意放在这时来表达呢？一首《蒹葭》一唱三叹，表达了几多惆怅！为多少追求而不得者，作了一个精神上借以自慰的注脚。我不禁要问，为什么会是这样呢。我曾反复思考过这个问题，一时也找不出满意的答案。

"露从今夜白，月是故乡明。"（杜甫《月夜忆舍弟》）反复吟咏着这一句，我似乎有了一点感觉。抬头望着那轮秋月，我冷不丁地想到了三十多年前。三十多年前的一个晚自习下课后，简陋的县中条件，不能洗热水澡。没有办法，只有脱掉秋衣秋裤（绝非现在的网络语，一条单薄的内衬裤子也）剩一条裤衩，在曾为日本鬼子的兵营的场院子里的水槽旁拧开水龙头，冲起凉来。秋之初凉的夜晌，慢说冲凉水澡了，就是走在旷外，身子也是瑟瑟的。虽然，依仗着年轻的火气，能抵挡一下，还是被那凉凉的秋水刺激得激灵不断。猛然间，一抬头，看到了四合院上广浩的天宇上，一轮明月正睥睨着我们这几个没有办法的人。月儿看着我，而我却想到了家，想到了家里人，他们此刻正进入了梦乡，田野里的晚稻正成熟得弯下了头。稻叶儿上，晶莹的露珠在微风里、月光下璀璨着，一派乡村温馨宁静气象。是啊，初中毕业以后，我曾产生了不再继续上学的念头，是老校长的一席不读书无以立世的话，让我们改变了主意。于是，我们背起简单的行囊，来到了高中读书，带着家人的希望来读书。然而，人一旦适应了环境，便会与这环境无与伦比地融洽起来。于是，月光下，我们冲凉，直到满月变成了弦月，我们还在那里在坚持，尽管有的人退了下来。于是，三年高中，我没有洗过一次热水澡。又于是，我坚持洗了三十多年的冷水浴，源于那一个白露来时月光浴我的那一个回忆家乡的夜晚！

看来，我只能这样解释了，令人难熬的酷热之后，白露来时，给人带来了清凉，更带来了文人墨客们的幽幽怀思。

然而，我的白露记忆，确实无法与古人凄美的意境相比。相反，我还得感谢三十年前那个白露未已的月华朗照的晚上。在那样的美好清秋夜色笼罩之下，我完成了人生的一次艰难且快乐着的选择，它使我坚信，不管什么事，不管有什么困难，只要咬咬牙，都会过去的。

青山遮不住，毕竟东流去。时代向前的车轮谁也阻挡不住。我们遇上了好时光，还有谁在这白露到来之际，作古人状，哀叹着个人与时代的不幸呢？作此文之际，我与孩子们在课堂上共同赏析毛主席"怅寥廓，问苍茫大地，谁主沉浮？"（毛泽东《沁园春·长沙》）感受伟人寒秋到来之际的惊天一问。也在此时，我不断收到送孩子上大学的父母传回的照片。他们和我分享着他们的喜悦。照片有来自成都的，有来自淮北的，有来自苏州等地的。从这些照片中，能看到各地白露之际的物候现象。比方说吧，淮北和成都的物候来临，也稍如我江南，有的甚至比我们来得早。此时，我和我的好友们，除了能共有一轮明月外，在那儿，他们也该看到白露映朝阳了吧。千百年来，我国劳动人民总结出了白露三侯。鸿雁来（鸿大雁小，自北而来南也，不谓南乡，非其居耳），玄鸟归（玄鸟解见春风，此时自南往北也，燕乃北方之鸟，故曰归），群鸟养羞（三人以上为众，三兽以上为群，群者，众也。《礼记》注曰："羞者，所美之食。"养羞者，藏之以备冬月之养也）。

于是，我以此文，奉献给那些在白露之际，到达他们心目中美好的学校的大一新生们，以及那些正在外地的大学生们，他们如鸿雁，如玄鸟，南来北往，不辞劳苦以求学。热望他们，不要作望月思乡小儿状，在他们人生最灿烂的年华，历练最顽强的意志品格，积累最丰厚的知识，藏之以备为他日大展宏图之用也。

白露

皖南塔川行

粉墙，黛瓦，马头墙，总是徽州的灵魂。而深秋白露时节的皖南塔川之美，更让人勾魂！

我家住在长江之滨，皖南，去过很多次。这一次，是自驾。自驾，能让我有更充裕的时间，感受塔川。

明丽的春夏之日来到皖南的某个古村落，在明灿灿日光下，绚烂的山花与碧树映衬下的山村，便让人产生一种古朴焕发了生机之觉。然，秋雨绵绵的秋冬之交，我们来到了皖南山村，却分明看得出这就是心中的徽州！心中的皖南！

下高速后，车停黟县梅溪小镇。仿佛中哪里见过？我努力地想着，终于想起了：曾经去过的祁连山下的祁连小镇！四面巍峨的祁连山山峰。而这梅溪小镇，也是四面的山峰！难怪似曾相识。抬头望着眼前的高峰之巅，一块巨大的纪念碑耸立着。沿着陡峭的石阶而上，前往拜谒。此处长眠了四十多位革命烈士。他们牺牲前，大都是附近的青壮年。为了自由与解放，而甘洒热血。山下，是一座小学校。孩子们书声琅琅之时，这些烈士肯定会含笑九泉。

家家有红军，村村有烈士。这是红色土地上的写照。在柯村，斑驳的房墙上，"当红军最光荣"的标语，还依稀可辨。方志敏在这一带活动的故事与遗迹，随处可闻可见。方志敏，一直是我崇敬的一位英烈。在柯氏祠堂里，抗日北上先遣队的将士群雕旁，我仿佛听见这些叱咤风云的将士们洪钟般的声音。从他们一张张刚毅的脸上，我看出了他们对于信仰的坚定。然而，寒冬里，他们身上的单衣烂衫和不堪碎石山路的破布鞋甚至是草鞋，又让我鼻子陡然一酸。此刻，我的耳边仿佛又响起了小学生们齐声诵读《清贫》《可爱的中国》（方志敏烈士狱中作品）的声音。是啊，正是先烈们对祖国深沉的爱，用他们的清贫，才换来了我们今天的美好。出了祠堂，小雨丝丝，村民人家的墙上，红色宣传画，营造出了苏维埃政权特色的政治氛围。行走其中，仿佛回到过去。秋风里，墙角旁，架上的老南瓜在几片残叶中兀自摇摆，我倒想，这南瓜不该也是苏区时期做红米饭南瓜汤那会儿所用的南瓜的后代吧。

黟县，深山里的小镇，雨中的柯村，静默的皖南腹地！镌刻着一种共同的时光记忆。

静静的皖南！静静的皖南的小镇以及皖南的古村落。

西递与宏村，秉承着皖南古村落的遗韵。然而，终没有南坪村来的优势。南坪，四周是逶迤的山，大片的良田能提供充足的稻米之供，这就是此方村落得以更安详的保证。

下了车，须得从田间，步行四五里地，到得南坪。远处的山村，在山岚中，忽隐或见，让人充满希冀。同时，一种惊讶，也伴随而来。一个九十多岁的老太婆，竟然还在田间劳作着，她手挎两篮大萝卜，稳稳当当地走着。然而，再仔细一看，田里劳作的老人，还真不少！不禁让人想，好山好水，养一方人！

不错的，粉墙，黛瓦，马头墙，是古徽州与当下徽州共同的灵魂。然而，一处院落，一处人家，绝然没有心目中徽州村落应有的风度。当我们身处于粉墙窄巷间，见片片叠加的马头墙高低不相让而显出热闹劲儿之时，我们才能说，我们到过徽州，感受到了古村落。南坪村出了名，是因为，这儿曾经有某个大腕导演与某位影星联袂拍过电影。徽州村落文化中，祠堂是不可或缺的。在寄托着古徽商种种寄托的私家祠堂中，曾经光影闪烁，艺术的表现，让千年的沉默，一朝天下有闻！大幅的剧照在墙，数丈彩练借用宽大天井充足光线的衬托，更其艳丽，这些无声的冲击，得到村落后人的默认。是啊，子曰，逝者如斯，一代有一代的美好，当旧有的成为了背后，自然，更其鲜亮的必然前往代替。一如这些祠堂，它们隐身于马头墙之间久矣，而现代的表现，让它们得以让更多人知晓，不也是一件好事吗？让这古老的村落名声远播的，不仅是这望族祠堂，还有如我们一样的一拨又一拨的，撑着各色雨伞，企图在雨巷中寻找有着紫丁香一般愁怨的姑娘的游客。还有那些支起画架雨中坚持作画的美院学生。宗祠的大门，是气派的。而私宅的门却是难得的低调，打开一扇平常得不能再平常的木门，门内的乾坤却让人大吃一惊，原来，那是朝廷大员或富甲一方巨贾之宅第。鎏金的窗格，皇族珍贵的馈赠，连城价值的古玩字画，毫无保留地展现在眼前。老宅主之后人，早已是平常人，他们守着祖屋，过着平常的人生活，从他们的眼光中，看不出丝毫的骄人之气，可能祖先低调的遗传基因，早已流淌于他们的血液之中了吧。

出村，一片香樟林，几人合抱的巨大香樟让人阅尽村庄的沧桑。这片大樟树，一代又一代地守望着南坪，见证着这里的萧条与繁华。遒劲粗大的樟树，一如那些田间的老人，春来秋往，他们以自己的坚守，默默生息，却无意间积聚着村庄的底蕴。樟树叶儿多已落下，林间地上一片金黄。秋雨打在这金黄上，这落叶越发透亮。出了那林，过了一座石桥，便出了南坪。料想当年，那些背着行囊闯四方的南坪人，他们远行时，桥头一回眸，将永别那山那村那林那桥，心中会是什么滋味呢?

　　自驾的好处,可以随遇而安,没有了跟团的那种紧催慢赶。终于,我可以在马头墙房子里感受一下皖南民宿的那份惬意了。"一川秋梦"好有诗意的名。这便是我们所住的地方,这"川",自然是指塔川了。一觉自然醒来,推开二楼的窗,人家屋上的片片小瓦,沐浴在烟雨中,眼前景,如工笔画,书写着皖南农家说不尽的故事和连绵过往。吃过了热情的老板娘做的早饭后,我们便前往塔川核心景区,打着伞,穿着防水鞋套,可这丝毫没有减少我们的兴致。

　　你来,或不来,塔川,总在那儿。

　　你迟来,或早来,塔川,总记在人们心中。

　　毕竟,我们来了,在枫叶快落尽白露之时来了。天,还在下着雨。此刻的到来,别一番景致也让人赞不绝口。我总以为,美好的事物,总是在不同的时空里,以不同的方式呈现,这雨中的塔川的美,恐怕是在艳阳下观赏的人们难以领略到的吧。"山色空蒙雨亦奇",此时此境,用得着这句诗。无论你站在哪个点上,眼前都是一幅写意的山中烟雨图。烟雨中,林密处,勾勒着几处农家院落,依然是粉墙黛瓦,不过,这时的马头墙,平添了几分朦胧,几分诗意。几枚顽强的红枫叶,仿佛极不愿意离开桠杈着的枝条。也好,这也极易让画家们作留白处理。然而,此刻,往来不绝的人们手中的五颜六色的伞,正构成了一道流动的风景。这风景,蜿蜒在白墙、红枫、绿竹之间,一种动态美,让摄影师爱好者们,捕捉每一个令自己满意的瞬间。你看,这伞下不是一对情侣吗,摆一个姿势,以大美塔川为背景,来一张称心如意的合影,他们笑得多甜美!走着走着,一田败荷在眼前,或几架丝瓜藤上,还有老丝瓜在风中摇荡着,那荷,那丝瓜藤,不就是一幅幅吴冠中先生的拿手的画吗?然而,此刻深秋上市的菜蔬,如芫荽,如平头包,却在这雨中焕发着最美的生机。再瞧,那弯曲的溪水沟里,不慎跌进了几棵芋头苗,还在那流水里，兴味十足地生长着，满满的野趣只待丰子恺的徒弟们来表现吧。

路旁，村姑们坐在码放整齐的山货旁边，静等游客们光顾。我们经过时，那村姑热情地招呼。她们的热情，和"一川秋梦"老板娘的热情一样，驱散了深秋的寒意。这热情，洋溢在美好的风景中，留存在每一个于此地留有旅痕的人的秋梦中。

这便是白露时节的皖南塔川！

秋分

我言秋日胜春朝

终于，在秋分到来之前，一场伴着阵阵雷声的雨彻底地赶走了秋老虎。是啊，前几天，异常得酷热，如夏天一般，空气中的水汽也多，真叫人难受。于是，闷热终于远遁。从办公室的大窗望出去，池边的芦花在秋风中轻飏，池水映着蓝天，小池对岸，是一片水稻田，稻子已然金黄。稻田边，是绿树掩映中的村庄。再远处，是跨湖而建的高速路段，高速路上车来车往，把我们的思绪，带到远方。我的同事们，忍不住拿起手机，把窗外这幅美景拍下来。发到朋友圈里，自豪着我们这么好的工作环境。

然而，回到眼前，我们知道，只等天晴稳了，农村的秋收秋耕秋种，也就是三秋大忙便要开始了。晚稻的收割和午季的播种，虽然也是要抢时间，可这些农活的忙碌度与任务的艰巨性，还是大逊于暑热里的"双抢"大战的。开镰收割后，把谷个子，挑到场子上，堆码在那儿。再去翻耕刚收了稻子的田块。在这当口，老农们确实感受到，还是田土珍贵啊，你看，收了一茬又一茬！没有了田土，什么也免谈哪。要不怎么说，天下无农不稳呢！把那田土犁翻过来，锄细，再行整畦，打冘（只取其音，播种的窝凼），下基肥，播下菜籽或小麦种子，焐防冻灰，最后洇水固凼，这一系列农活做下来，一个青壮劳力，也会直叫唤腰酸背痛。等到第二年春末丰收之前，为了莳弄这些由弱而壮由青而黄的庄稼，包括除草除虫，催肥壮秆，也不知耗去农人多少时间与精力。当然，这是后话了。古人说"春种一粒粟，秋收万颗籽"，而在午季上正好相反了。仿佛把小麦油菜种下去，才想起来，还有稻把子没有脱粒。于是，架起那能有四五个人同时上的脱粒机，在场子上开始脱粒，几家人为了减少架机之烦，而约定在一起相帮干起来。于是，出现了挑灯夜战的热闹情景。此时，掀开稻把堆子，还能感觉到堆里面的稻捆子热乎乎的，显出内外的温差来。毕竟秋深了。

此刻，沟塘边上的采荇摘菱挖踩塘藕活动，倒时时穿插在三秋劳作之中，同时，茭白也旺相起来。我倒是时时忆起人们栽菱种藕的情景来。那是在初夏吧，从别处挑来菱角菜秧子，把根子扎起来，用竹竿子将它送入泥中，或者哪个小哥干脆脱去衣服，直接下到水中，用手将菱秧插入土中，栽插便算完成了。仿佛是等到那水又恢复了见底的清明，那秧子便成活了。而植藕，必得下水了，起个蒙子，把整禾种藕埋入泥中才算告成。也是用不到几天，那尖尖的荷叶便露出、铺展于水面。这时候，最好是在一个初夏的早晨，你到沟塘边来，看着那水面，那稀疏的菱荇或几叶小荷，点缀在安静碧清的塘面上，恰如一个善于留白的高手作下的一幅高明的丹青水墨。看着这画，你也会觉得生活是美好的呢。等到那菱菜挤没两家在水面上拉直为界的绳或田田的荷叶挤到塘上之时，倒给人一种透不过气来的感觉了。采菱是自家女人的事，而成片的塘藕则需要健壮的男劳力来合力完成。那是一群无为人，是他们给我们带来了的江北方言。我们当时叫他们藕佬，这些健硕的男人，很能吃苦，一天只吃早晚两顿。我们看他们吃晚饭的样子，很是羡慕，哪怕只就着老咸菜，也能呼哧呼哧整下几大碗，好胃口！最记他们挖出整窝的大藕，直起身子，双手勒去藕身上的泥，仿佛很自豪的样子。打从他们洗藕的塘边过，阵阵新藕的清香真诱人。

"蛰虫坯户"，乃秋分之一候，这说的是一种小虫子，在气温渐低之时，早早地用尘灰把自己的洞口塞起来，准备度过漫长的冬季。这很容易使我想到《诗经》上的一句话，"塞向墐户"。说的是，我们古代的农人，也是在天渐凉时，便塞好窗子，封好门缝，准备窝冬了。于是，千百年来，养成了中国农民一种素朴内敛的性格。日出而作、日落而息的生活方式，迫于生计而在自家一亩三分地里刨食而形成的小农意识，缺少交流，没有生气的村庄社会，都是培育自私与偏狭的沃土。然而，时代的篇章翻到今日，我们对中国农民的认识，必须得有颠覆性的改变了！也就是在前一年秋分，2018年9月22日，我有幸随芜湖作协，来到无为泥汉，与那儿的农民兄弟们，一道欢度第一个中国农民丰收节。无为大地，瓜果飘香。新农村建设，让人留连忘返。我上文所忆的一些耕作方式，早已用各种表现方法成为橱窗里的陈列品。农民用自己的诗行，表达对时代的感激。从他们热烈的歌舞中，可以看到他们对生活、对未来充满着自信。更让我感到吃惊的是，一个普普通通的农民，生活富裕以后，以一己之力，在村里办起了农耕文化和红色陈列馆。供人参观，不收分文！问他图个啥，他说，他就是有一种文化情结，喜欢在与人分享中，得到快乐。巧的是，回来后，翻看当天的报纸，又看到了繁昌县一个老汉，为了不让村落文化遗失，也利用自家的房子，搞起了家庭农耕文化馆。得到了家人与村人的支持。富裕起来了，追求更高的精神生活。这，就是真实的我们两个农业大县的现代农民。你从他们身上，还能看出丝毫"封闭"吗？

走在无为大堤上，见河床上高大的防护林与长堤共绵延，时有白鹤掠林高飞。"自古逢秋悲寂寥，我言秋日胜春朝。晴空一鹤排云上，便引诗情到碧霄"（唐·刘禹锡《秋词》）此诗，不正表达了我和我的农民兄弟们此时的心志吗？

秋分

墙头累累柿子黄

"菱荇中间开一路，晓来谁过采菱船。"（宋·杨万里《七月既望晚观菱壕》）采菱，我总是认为，那是女人的事儿。因为，在我的记忆里，好像没有看到男人采过菱。是啊，"溪上采菱女，三五傍垂杨"（宋·汪卓《水调歌头·次韵荷净亭小集》），说的是，古来就有女采菱的风尚啊。我最初的记忆中的采菱人，当然是我的母亲了。我的老家，房前屋后，都是水面，当然少不了荷菱满塘，秋来丰收在望的局面了。记得母亲划着腰子盆，在满塘的菱角菜中，划出一道道的水印后，水塘上，便堆有了一筐筐的菱角和菱角菜。这是一种欢乐的场面。好像是一种风俗：别的东西丰收时，有你我之分，可独菱角摘上来，只要是一村的人，或熟悉的人，便不分你我，可以任意拿吃。我到现在也弄不明白这是一种村风还是一种习俗。多少年来，这种记忆深深地印在我的脑子里。而村中的老妪或少妇或小姑娘，坐下来，摘那菱菜，摘多少，都可以自己拿回家，把那菱末爪焯一下，伴点秋青椒丝，跳一跳，便是一道上好的佐饭小菜。摘多了也没关系，洗净晒一晒，腌制。冬日里，不管佐烧红肉还是鸡鸭，都是让人叫好的美味。不说别的，那种"秋染青溪天外水，风棹采菱还"（宋·张先《武陵春·双调》）的唯美场面，也是让人心醉的。当然，现在回忆起来是觉得美。可是当初身在其中，总是不觉。是距离吗？可能。

秋分时节，我回到村上的家里，不为别的，就是为了找到那菱角、那菱角菜的味道。母亲不在了。采菱的工作，便由弟媳去完成了。前一日，电话约好了。当我们刚到老家时，她的"采菱船"早已在塘中"开"了道道水印。妻和弟媳采的采，摘的摘，俨然一种重要的工作在做，边做她们边聊着天。而我在一旁钓着小鱼儿打发着悠闲。村庄静美，毫无市井杂音。却是来来往往的曾经熟悉的村人，和我打着招呼。对于每一个经过的人，弟媳都邀他们吃几个红菱或抓一把菱荇。人们也毫不客气，需要的来抓一把，不要的，作一声谢，走人。却把我的思绪牵回到几十年前母亲采菱的时代。我暗喜家乡的村风依然。而我们也是这样，给东邻送一小袋，给西邻一小袋。不值钱的东西，送出手时，却收回了一阵高兴。

秋风起，秋雨绵。一场秋雨一场凉。"墙头累累柿子黄"（陆游《秋获歌》），凉凉的秋，给我们带来了那软软的柿子甜。说来也怪，五十多岁了，今年还是第一次吃青柿子的。我晓得，树上的黄柿子有股子酸涩劲。却想当然认为，那青柿子更涩了。那日，弟弟给我削了一个。我还以为他在开玩笑。削了皮的柿子露出了硬硬的淡黄的果实，确也不那么难看，可我还是不敢吃。直到他自己吃了一口，发现他没有什么异样的感觉。我才吃了一口。果然，唇齿间一阵清爽。继而，满口的清甜叫人欲罢不能。问从哪里来的。告诉说，这是村里人家树上结的。一大早丢在门口，后电话告知能吃的。香甜的同时，感受着村人的热忱。莫不是这个村人要和大家一起分享发现的喜悦？而每年仲秋时分，我们从老家带回硬硬的柿子，放在棉絮里焐上几天，看到红透了的，软软的一个，便能拿起来，尽情地享受那份甜美了。同时，我们总是有一种给别人尝一尝的欲望。带到办公室，每一桌上放一个，不说吃了，那一抹抹中国红点缀在案牍之中，便美不胜收了。不可收拾的思绪让我想起老辈人来。以前人们用那透透的粉粉的柿饼孝敬老人。那慈祥的老人舍不得享用，便拿来哄孙儿辈。小时候不知这甜物从何而来。以为是天下最甜的东西。现在回想起来，殊不知，这甜里融进了几多和蔼和关爱！

是啊，这秋分之美，原来在于秋之分享！就是在秋分前的一天，我在区总工会举办的"双创"故事分享会上，分享了身边的全国好人王二玲的故事。一个柔弱的女子，替亡故的丈夫还掉了一百多万元的债务，还照顾着多病的公婆和年幼的儿女，支撑起一个企业。起先，她和我坐在一起，一个普通的不起眼的村妇，普通得正如那红红的菱角和那秋风中黄灿灿的柿子。当她走上了讲台，随着她朴实的讲述，我分明看到她的身上，闪耀着金子一般的光华。分享着她的故事，我得到了激励与甜美，在这个秋天里。

寒露

灼灼其华木芙蓉

淡淡的薄雾，笼罩在金灿灿的稻海之上。走在田埂上，沉甸甸的稻穗在微风中向你点头致意。新谷芳香，扑鼻而来。畦畦大豆，叶已黄，簇簇豆荚，鼓鼓胀胀。时令已届寒露，天，真正凉下来了。太阳渐渐升起来，阳光洒在田间，万点露珠，点点银光。青蛙"扑通"一声，跳入池塘，没有掀起涟漪，便不见了踪影。小池里平静的水面倒映着蓝天，几张荷叶静默着，少了夏日的饱满丰润，多了成熟的味道。倒是让人想起朱熹的诗句，"半亩方塘一鉴开，天光云影共徘徊"，成熟的田间，真好！

开镰收割了，趁着天气晴好。现在真是方便，完全机械收割。公路修到田边，稻子一上来，便有人来收购，省去了翻晒和入仓的烦恼。金灿灿的稻谷瞬间变成了一沓厚实的钞票，这是老汉们最开心的时刻。是啊，这稻子，从选种，播种，育秧，栽插，施肥，喷药……一路走来，用去了多少心思，寄予了多少希望！虽说在外打工收入也不少，可这田不能丢下啊！有谁说这想法不合时宜呢？

这是一段农忙时节。稻子收上来，就要赶种午季了。刚刚是一片金黄，不多久，越冬的小麦和油菜，就要把这大地描画成一片新绿。这些绿将给老汉们带来新的希望。是啊，种了粮以后，留足了口粮，多余的都变了现，而这田里，只要上足了肥，看长势治治虫，明年又将是一笔收人。凭劳动挣钱吃饭，最心安理得了。尽管他们认为的劳动仅是指体力活。也尽管现在有很多人，凭投资或投机赚了大钱，可是，我们对这些纯朴的种田人的想法，丝毫也不能有什么指责的地方。看吧，他们在这秋天真正来临、气温不再反弹之时，为了与节令抢时日，整天价在田里细心地完成每一道工序，丝毫也不含糊。从翻地，整畦，冲潵，打基肥，下籽，盖灰，这一节做好以后，还要不时地到田间轰麻雀。因为，稻子收割以后，它们无处觅食了。最好是下一点小雨，好让种子能发芽啊。这一点期盼，实现起来，或许不是难事，江南地区呀，金秋大雨没有，间天的小雨还是常有的。

这不，现在种粮大户出现了。老汉们可以把一部分田给别人种，自己的时间多了起来。不是吗，门前门后的各种盆花鲜艳起来了。这不，在这天高云淡的时节，门前的桂花已香了多时，而菊花也正当时。老伙伴来了，谈谈菊花品种，侍弄方法，甚至谈到了来年在某块田里种上菊花，制成花茶，还能带来效益。并说自己家某某亲戚种了几亩菊花，尝到了甜头。自己为什么不能种它一块田试试呢，人老了，心可不能老啊。听说城东的鸠兹古镇正在开菊花展，正好去见识一下。于是，几个老伙伴相约去了一趟。嗬！一些见所未见的新品种真是让人大开眼界。午后的阳光下，各色菊花争奇斗艳，清幽的花香在古色古香的街衢内流淌。这一趟真是没有白来啊，这街上，还有老外也来凑热闹。老汉们在巨大的花图前留个影，嘿，我们这些整天和泥巴打交道的老汉们，来了兴致，臭美起来。一边游玩观花，一边听讲解员讲一讲芜湖的汽车制造和机器人在全国打头阵，还真是不听不知道，听了真自豪！不出来走走，还真不知道咱们身边的变化呢。

　　可是细思量，这变化不承认也不行，不看别的，你就看家门前的宽阔的马路两边吧，新植的木芙蓉，正开着朵朵的大红花，喜庆热烈，它们开在金黄的稻田边，给丰收的稻田镶了一道绚烂的边。有谁看了，不是感到满满的快乐呢，在这金色的秋日里。行文至此，我忽然有所顿悟，那些守望稻田的老汉们，不正如这些朴素的木芙蓉一样，一岁一芳华，一生守护着这大片田畴，使我们衣食无忧吗？

寒露

梨酥蟹肥互赠尝

一缕清风，一袭桂香，伴有丝丝凉意。

清晨，漫跑林荫。透过叶隙的晨光照在小草上，晶莹剔透的露珠闪亮刺眼。这一切告诉我：时令已届寒露。《月令七十二候集解》对于寒露是这样描述的："九月节，露气寒冷，将凝结也。"如果说，白露时节，我们能感受得到炎热向凉爽的过渡，暑气尚不曾完全消尽。那么，从寒露开始，天气便开始转凉了。这时，我们开始感觉到丝丝寒冷，早晨出门，便不能肆意着短衣短裤，会不自觉地把自己包裹起来了。此时的露珠，寒光四射。于是，俗语道："寒露寒露，遍地冷露。"

对于月夜下寒露的描述莫胜于唐朝的戴察了。他在《月夜梧桐叶上见寒露》中，这样写道：

> 萧疏桐叶上，月白露初团。滴沥清光满，荧煌素彩寒。
>
> 风摇愁玉坠，枝动惜珠干。气冷疑秋晚，声微觉夜阑。
>
> 凝空流欲遍，润物净宜看。莫厌窥临倦，将晞聚更难。

你看，多美啊，作者用细腻传神的笔触，为我们描绘了皎皎月华之下，静夜寒露动人的意境之美，表达了诗人对于季节更替给我们带来的美不胜收的自然之趣的由衷的赞美之情。尤其是最后两句说到，不厌烦地看着外面的景色可以让我抛开疲倦，将这美好的景色都聚在一起更是难能可贵的。

我的朋友从北方来。他送给我一箱砀山酥梨。说这是一种好东西。拿出尝一个，果然香甜可口。寒露食梨正当时啊，一如此刻的吃蟹，不是吗？寒露时节，雌蟹卵满，黄膏丰腴，正是吃母蟹的最佳时节。于是，我拿出那香梨，送给东邻，而我的西邻，又给我送来了两匹大闸蟹，互通有无，我们得以尽尝时令美味，生活，就是这么往下过着。

到乡间走一下吧，此刻的乡间秋意正浓，蝉噤荷残。村舍旁，那一树果实累累的柿子树，是村里最美的点缀。那一枚枚的中国红，在微凉之中，给我们带来丝丝暖意。那菜园子里，秋椒秋茄，执意要给辛勤的人们，带来最后一茬的菜蔬之味。新蒜叶芽出土才三两天，"浅鬣寸许"，不禁让人浮想，不久，我们烹食时鲜河鲫，又能尝到加新蒜叶的那独一味了。而那丝瓜藤蔓，还是灿烂地开着黄花，仿佛在它身上看不出一点下世的光景。还给我长见识的是我看到了秋葵的长相。那是一剑剑的果实，直朝天刺着，正好与下垂的辣椒相反。关于秋葵，我倒有说头。多年前，在星级饭店的餐桌，见到这东西，不认得，人家说是秋葵，营养价值高。吃了后，向别人夸耀，说是吃到了一种稀罕物。可是，今年夏天，我们当地菜市上，却是铺天盖地的，已是大路菜一般卖了起来。"旧时王谢堂前燕"已然"飞入寻常百姓家"。更让我嗫嚅的是，我在网上学得了一手凉拌秋葵的做法，到处张扬。现在，我又看到了秋葵这种古怪的长法，倒吸一口凉气，原来，自己不知道的东西，还是太多！

田间，人们在劳作着。此间，种了油菜的畦地里正需要浅灌养墒。因为，一直以来，都是灿灿的大晴天。而在这之前，需要下一次肥。下肥，是一种不甚劳累的活，可是，微微弯腰，却也让人难以久持。其时，有一十七八岁的女孩，正熟练地用三个指头从塑料袋中拈出三四粒复合肥，然后，在距地二三尺的高度，把那肥粒准确地投到夯凼之中。看得出，这个女孩，是一个干农活的好手。我说："现在，像你这样，干农活的女孩很少了。大多是留给家中的老人去干。"而那女孩子却说："能给老人承担一点，这不也是一种尽孝吗？而有的人，看着老人劳累着，却不去帮一把，就是极大的不应该了。"女孩自然地说着这样的话。而在一旁的老母亲，一个劲地叫她回家休息去，女孩子愣是没有回去，而是和她的母亲干完活，一同回家去了。嗣后，我从侧面了解，这个女孩，在外地上大学，国庆假期，回家，没有借口和同学们相聚，却陪母亲田间劳作，我真是佩服。我祝愿并同时相信，女孩的未来，一定不会很差的。

由这女孩子，我想到了我的两个从医的同学。他们年轻时，都是从医学院毕业。一个学的是中医，一个学的是口腔医学。从学校毕业以后，他们都在农村医院一线悬壶济世。为了农村的医疗事业发展，作出了自己的贡献。同时，他们良好的医德，也是赢得了很好的口碑。然而，体制的局限，使他们不能更好地服务于社会。于是，他们毅然决然地做出了各自的选择，跳出体制之外，自摔铁饭碗，走上社会，以自己的行为，更好地释放自己的医术医道。学中医的同学，开了一家中医诊所。他用独特的药贴，不打针，不吃药，为病人解决各种疑难杂症，受到人们的普遍认可。学口腔的那位，开了一牙科诊所，用自己的所学医治病人的苦，并且授徒从业，事业做得越来越大。我曾经去过这两家诊所，我的两位同学，忙得没有片刻休息。诊所里病人都说，医生人好，医术高，到他们这里来看病，感到很亲切，放心。我想，这是对他们的最好的评价了。我以为，这两位同学，能在经历过人生最好的年华后，做出了自己的抉择。他们的不懈努力，定会博来他们人生更好的前程。

人们常说，"春捂秋冻"，说得有道理，秋天适度受些寒冷，对安度冬天，大有裨益。也就是说，我们每个人的生活中总会有磕磕碰碰，总有一些不如意。就像这秋凉之来临，有的人，不一定能适应，染上个感冒发热是极其正常的事，我们要正确对待。然而，我想说的不仅仅是这样，我们更应以积极的人生态度，对待我们生命中的自然之秋或生命之秋，进而在我们的生命的延展中寻找另一番更加美好的春光。秋天，没有春天那样的春光明媚，生机勃勃。但秋高气爽，遍地金黄，却是另一番的动人景象。都说春华秋实，而我却也能说，秋有实，春乃华！

霜降

霜叶红于二月花

  诗人总是把这秋霜写得很经典。你看，"蒹葭苍苍，白露为霜"，爱情故事，宁静幽雅；"床前明月光，疑是地上霜"，静夜思乡，情何以堪；"鸡声茅店月，人迹板桥霜"，游子早行，清冷凄美；"停车坐爱枫林晚，霜叶红于二月花"，大地霜后，层林尽染。"鹰击长空，鱼翔浅底，万类霜天竞自由"，寥廓自然，和谐共生……是啊，这悄然到来的秋霜，这些传诵不绝的千古名句，确实给我们带来了无比美好的享受。

  读着这些诗，在我的眼前总会浮现出秋野里酽酽的浓霜来。是的，那是田野早晨的秋霜。早晨，湖边的田野里一片静谧。偶有一只早起的水鸟，突然扑愣愣地箭出湖边，踩着湖水，向湖心冲去，在湖上划出一道笔直的水痕。湖面上将败的荷叶，一朵朵在荷秆的顶撑下耸立着。湖边乌桕，叶儿正红，红得可爱。

  湖边晨跑，心旷神怡。一出门，有点凉。毕竟是深秋了。田埂上，还顽强地绿着的或已枯的野草上、稻茬上，是一层毛茸茸的白霜。经霜的草，似乎硬了些，踩上去，听见咕咕之声。此刻，清新的空气，静远的氛围，他处无法找得到。湖水氤氲着的稻田旁，水气与秋日泥土气息融合酝酿的微微芳香，沁人心脾，无法忘怀。

待到微微出汗，太阳渐升起，湖面上升腾起雾气来。霜也好似害了羞，渐渐地渐渐地淡去了。随之，气温上来，舒适宜人的感觉来了。我知道，这种感觉，只有早起的人们才能感受得到。那些踏霜劳作的人，清晨到得田间，已经干了好长一会，他们的袄衣已经退下，放在田埂上。我和他打一个招呼，和他抽一袋烟。他和我说起了农活。"霜降见霜，米谷满仓。"他们很高兴，我也因为有了这些勤劳的兄弟而高兴。

穿越时光的隧道，倏忽之间，三十多年过去，也是这深秋时节。我依然在轻快地跑动着。可是，再也不用回到湖边田埂上晨跑了。晨光中，我可以在塑胶跑道上轻松跑圈。我也可以在下班后，在跑步机上痛快地挥汗如雨。可我依然怀念那湖边的霜晨，那霜晨劳作的勤快兄弟以及湖边斜欹向水的火红叶子的乌桕！

不见了秋霜，然而，两鬓却已染霜。时光不饶人。当年湖边少年，已然到了知天命之时。自然宿命，无人能抗。"鬓微霜，又何妨？"赶巧了，这两天，我正在和学生们欣赏宋代大词人的豪放词。更巧的是，这几首词里都有霜的闪现！四十几岁的东坡居士，竟然自称老夫，宦途中备受打压，却丝毫不减效国之志。唱出"羌管悠悠霜满地"的范仲淹（字履霜），心怀天下，一心燕然勒功。他的一生，虽运命多舛，可不改"先天下之忧而忧，后天下之乐而乐"的仁者初心。我等庸常之辈自然不能与古之先贤比肩，可是，在这秋霜满天之时，读着这些令人振奋的诗句，总是会让人多一些自信与感动。

更让人振奋的是，我在写此文时，党的十九大正在北京召开，人们奔走相告新蓝图的擘画带来的喜悦。尽管这是一个晚秋霜降冬悄然的时节，可是，这喜悦正如春风一般，吹拂在城市乡村的每一个角落。人们的心中，是盈盈的春色！"西山红叶好，霜重色愈浓"（陈毅《题西山红叶》）。是啊，美好的愿景，不是现成可期的。只有我们每个人，在属于自己的田地里，不负这美好的霜晨，辛勤耕作，砥砺不已，才能有满满的收获。

霜降：霜叶红于二月花

霜降

不一样的霜晨月

　　一千多年前，一个倒霉蛋，怀着糟透了的心情寄宿在一只破船上。为什么放着繁华的姑苏城不去放松一把，而在这里作自我煎熬呢？千年前的往事，无从查考。可有人说，这人考场落第了；也有人说，是因为官场失意了。不管怎么说吧，反正他的心情忧伤到了极点。月光砸开了他的船窗，一钩残月仿佛也在撩拨着他，让他无法入眠；那远寺的钟声，一阵阵地敲击在他的心扉之上，更让他无法安顿。索性，他披衣立船头，霜天之下，江枫渔火里，一阵寒鸦鸣叫，再次让他的情绪跌落！于是，一阵灵光乍现，一首千古绝唱，这个差点让世人永远忘记的倒霉人，却永远让人记住了：月落乌啼霜满天，江枫渔火对愁眠。姑苏城外寒山寺，夜半钟声到客船。

　　这绝唱便是《枫桥夜泊》，这个倒霉蛋，姓张，叫张继。是啊，张继时代，与他一样的愁绪，一样的在霜天之下愁得要命的人，多了去了。可是，太多的人，被历史湮灭了。而张继，一时灵感，有了这首诗，成为不朽！

　　我们纵观张继的一生，虽补了几任小官，终还是命运多舛的。

在此，仅举他的几句诗，便可略知。"流年一日复一日，世事何时是了时"（《安公房问法》）。"萧萧茅屋秋风起，一夜雨声羁思浓"（《宿白马寺》），"今日片帆城下去，秋风回首泪阑干"（《重经巴丘》）。还有，"凄凄霜日上高台，水国秋凉客思哀"（《九日巴丘杨公台上宴集》），"浮客时相见，霜凋朱翠颜"（《登丹阳楼》）。

从这位并不那么显眼的唐代诗人留下的五十几首诗中，我们随处都能看到伤春愁秋的诗句。而且，"霜"这个意象，数次出现，读他的诗，总能像读他的《枫桥夜泊》一样，有一种凄美的感觉与享受。

确实，有些地方，我们对于那霜，是没有好印象。"霜打的茄子，蔫了。"你看，把自然的变化，说成是霜的罪过了。"各人自扫门前雪，哪管他人瓦上霜"，这里，言人不淑，霜也摊上事儿了。你再瞧，《红楼梦》中，林黛玉在《葬花吟》中唱道"一年三百六十日，风刀霜剑严相逼"，直接把那霜比作那凌厉的剑了。

然而，我们总能在这秋霜中，发现更美好之所在。看看张若虚在《春江花月夜》里是如何写月的吧，"空里流霜不觉飞，汀上白沙看不见"，诗中说，月色如霜，让人无从觉察，江洲之上的白沙和月色融合在一起，看也看不分明。一种朦胧之美，洇在纸上。

再翻开《诗经》吧，一篇《蒹葭》，让我们在"蒹葭苍苍，白露为霜，所谓伊人，在水一方"之中，感受到经典的爱情的唯美与温婉。进而我想到了《山楂树之恋》这部被称为史上最干净的爱情故事片里的一个画面。那是一个静谧的早晨，热恋中的静秋和老三的送别因误了船而只得隔河相望。河水碧绿，河边水草青青。特写镜头里的涕泪涟涟，泪眼看到的双方模糊的身形，更加凸显了相思而不得的怅惘。继而，一方要离开了，于是，画面便由定格而流动了起来，在河两岸高树和茂草中，两人渐行渐远，直至不见……我以为，这画面，是对"所谓伊人，在水一方"的最好的诠释了。

再看，"西风烈，长空雁叫霜晨月，霜晨月，马蹄声碎……"一曲《忆秦娥·娄山关》唱出了伟人毛泽东面对失利和困难从容不迫的气度和博大胸怀。而此时的秋霜，正反衬着一股浩然之气！

时序所变，又届霜降。这是秋之最后一个节气，预示着冬天即将来临。此刻，"草木黄落，蜇虫咸俯"（霜降三候之二，另一候为豺乃祭兽，意为此时狼猎杀大量猎物，排放在一起，准备过冬，仿佛在祭祀一样），大地一片宁静。然而，到田间走走，农民们正在辛勤地劳作中，显出无限的生机。

我的一位在基层工作的朋友，瘦削的身材，黝黑的皮肤，一看就是一个精干的人。我问他，这一时间，农事上以什么为主。他告诉我，这个时候的农活以油菜移栽和小麦下籽为主。我感谢他的告知。他是一个兴趣广泛的人，尤其是喜欢在工作之余，莳弄着自己的小菜园子，时不时地，在朋友圈中，展示着自己的劳动成果。我想，这两天的某个午后日光下，他正架起小梯子，摘扁豆，或者拿着小竹篮去掐一把茼蒿或挖几枚山芋当绿色晚餐呢。在平时和他交谈之中，总能看得出他乐以农民，忧以农民。什么水渍麦田，使丰收在望的小麦大量减产哪；什么看到成片的稻田，农民却丰产不丰收呀；什么非洲猪瘟，使养猪大户损失惨重哪；等等。我也是从农村长大的，对他的忧乐，我深有同感。在他所做的工作之中，也曾不被人理解，他始终能以微笑，面对农民兄弟，这需要何等的胸怀。他曾告诉我，多少年前，他曾获得过县级优秀工作者光荣称号。我想，这是当之无愧的。几十年他一路走来，无怨无悔，以一颗平常心对待，不为路途中的风霜而退缩。这难道不是一个纯粹的人吗？

然而，一个人的优秀，与一个优秀的家庭是分不开的。他的妻子，是一名小学教师。她在几年前，被告诊断出患有淋巴癌并动了手术，术后，仅休息了几个月，又走上了三尺讲台。她边工作，边服药，体重一度从一百一十多斤下降到九十来斤，领导和同事们劝她回家休息，她总是说："放不下学生！""放不下学生"，是一个曾经磨难的老师的心声！是啊，一个老师，当她的身体承受能力到达极限时，想的不是自己，而是事业，是她心心念念的学生们，这是何等高尚的思想境界啊。

"谁知一樽酒，能使百秋亡"（唐·元稹《咏廿四气诗霜降九月中》），说的是，在这肃杀的霜降时节，我们可以饮上一杯美酒，忘却生活中的忧伤哀愁，去创造属于我们自己的辉煌。那么，以我的在基层工作的朋友和他的妻子观之，他们不正是热爱生活、不断前行的人的代表吗？

　　我国是一个幅员辽阔的国度，就同一个节气，比方说立冬而言吧，"一候水始冰，二候地始冻"，远远不能概括所有面积的国土。我所处的江南芜湖，前几日，气温高得倒像个小阳春，直到立冬前一天，气温才略有降，下了一阵小雨。前几天听人说，记得她在读高中时，立冬下了一场雪，说明了不同的年份，这立冬表现的都是不一样。"冻笔新诗懒写，寒炉美酒时温"（唐·李白《立冬》），唐人李白已在这时节，直呼冷得不行了，冷得墨都冻结了，索性支起火锅，友人三四，喝起酒来了。他们只得在酒中找寻春的感觉了。而那宋代的仇远，倒与我的感觉相似，"小春此去无多日，何处梅花一绽香"（宋·仇远（《立冬即将事二三首》），立冬前，天暖如春，连那梅花仿佛忘了时节，竟相开放起来，您说玄否？更玄的还在后头呢，你看"苏门三学士"之一的苏辙，遇到了一个怎样的立冬吧，"半夜发春雷，中天转车毂"，竟然在立冬之际，听到了春雷声！诗人们的伟大之处，便是在冬日里，找寻春天的影儿。而英国伟大的浪漫主义诗人雪莱的一句"冬天来了，春天还会远吗？"（雪莱《西风颂》）更让我们，在寒冷的冬天里，有了莫大的安慰与信心。

　　是的，立冬了，写冬天的文字，我急欲表达的，就是那种高杆白。对，就是高杆白，那种有一尺多长的大白菜。仿佛经霜后，那叶儿更其青，那杆儿更其白。种菜人都知道，立冬时节，这高杆白最嫩，水分也最多。到了腌菜的时候了。于是，趁着一个好天气，一大早，人们便来到地里，用锹或刀把这些尚沐浴在晨光中的大白菜杀倒（方言，放倒），等到离根的菜稍软后，用秧篮把它们挑到河边，码在跳板上。而此时的畦地上，只剩下残根和枯叶，那根截面上还渗出了汁液，似乎是根与菜的分离之泪。而河边却热闹起来了。尽管天气已凉，那些男男女女，却高高地挽起裤腿和衣袖，在碧清的河水里，把那刚杀来的高杆白在水面上荡来荡去地濯洗。激起的涟漪，一直向河中心荡去。辟下的枯叶荡漾在波纹上，时有小鱼儿与那枯叶嬉戏。不一会儿，树与树之间拉起的绳子上，便挂起了一串串的大白菜。阳光穿过叶已半落的枝间，均匀地撒在这些白净的菜杆上和反着光的菜叶上。一种素净之美在河边林间展示起来，兼以爽朗的洗衣菜人的嬉笑声沿着河边树林传得很远。宁静冬日的乡村里，素描着春的身影。

　　立，建始也，表示冬季自此开始。而冬是终了的意思，同时，还有农作物收割后要收藏之谓。我国是一个传统的农业大国。几千年来，我国劳动人民恪守着因时而作的传统。春种，夏耘，秋收，冬藏，是一直秉持的定律。冬来也，不同的地域，对不同的收获，采用不同的冬藏之法。那么，对这种大量产出的大白菜，便采用独特的腌制方法进行保存。踩菜，在此我有必要写一下。由于城镇化，这种用于踩菜的口径约一米的大缸可能要绝迹了。踩菜的方法很简单，把整棵的大白菜与盐一层一层交替码放，在码放的过程中，由一壮汉赤着脚直接把那菜踩实。如此而已。最后，在这口大缸上，盖上一块大石头，压实，完事。漫漫冬天里，把那腌好的菜拿出来，切成段，拌佐料凉吃，清脆爽口，是冬令里的独一味儿。也或者伴烧红肉，也鲜美无比。一直吃到春末夏初，新鲜时蔬上市，方才告别餐桌。另一种是腌制香菜。方法是把那菜叶菜芯去掉，把菜秆切成丝，晒几个太阳，便开始制作。农妇们腌制香菜，各显神通。这种神通，体现在佐料的选择与量的把握上。总之吧，当你去一家，人家主妇邀请你吃香菜时，你总得夸夸，人家才高兴。因为这里面凝结着她的心思。我倒时时记起，我们读高中那会儿，每每周末回家，总会用网兜拎着两个罐头瓶晃来晃去。这瓶里大都是母亲们腌制的香菜。

当然，现在我们筷头上吃的腌制菜和香菜，大多已是工厂化机器所制，少有了壮汉脚踩的风味与母亲的味道了。同样，我们现在餐桌上的咸菜，早已不是那种为了储存意义上的腌制品，而是在吃食丰富了以后的一种调味品了。从储存品到调味品的变化，我们可以看到一个时代的结束和一个新的时代的到来。立冬三候之一，便是"雉人大水为蜃"，"雉"即指野鸡一类的大鸟，"蜃"为大蛤，立冬后，野鸡一类的大鸟便不多见了，而海边却可以看到外壳与野鸡的线条及颜色相似的美丽的大蛤。那么，我便可以说，四十年的改革开放，我们的一切，不也是来了一个华丽的转变吗？然而，最近一段时间，由于有的国家单边主义抬头，在这个冬天来临之际，世界经济的发展遇到了一股寒流。写此文时，在上海，首届中国进口博览会正在召开。开放的四叶草形式的博览会建筑，仿佛是开放的中国人，热情拥抱来自五大洲的宾朋好友。进口博览会释放出强烈的信号，那就是共建创新包容型世界经济，向着构建人类命运共同体目标不懈奋进，开创人类更美好的未来。对于全世界渴望发展的国家和人群而言，中国首届进口博览会不啻于是冬天里的春的讯息，让人倍感振奋。

　　写立冬的文字，便想起了三十多年前，我刚去芜湖师专读书那会儿。立冬时节，一日，我的辅导员赵泾生老师给了我"冬之春"这个题目，叫我写一篇文章。第二天，我没有完成任务。结果是，老师没有把写作课代表一职给我。是啊，三十多年前的我一看到这个题目，就晕了头，哪里知道这个题目寓意和揣摩到老师的用心呢？然而，现在想起来，当时老师能拿出这个题目，确实也是不容易了。上世纪80年代早期，作为一个高等师范专科学校，条件不可谓不简陋。学生从位于城市北郊的学校，要拼命挤公交，才能去市里一趟。来自全省各地的农村寒门学子们省吃俭用，为了减少家里的负担，才来这城市远郊花费不大的学校就书。学校里没有电影院，秋末冬初，学生们去附近农村在瑟瑟寒风中看露天电影，当成枯燥读书生活中一大乐事。秋风渐远，冬日来临，男生们早早地把自己裹在一件廉价的军大衣里，成为一种时尚。然而，条件的简陋，没有能影响到每一个人的学习热情。校园内始终洋溢着青春的活力。如果当时我把这样的构思写进文章，不是很切题吗？想当时的我真是愚讷呀。三十年后，同学们在母校所在城市芜湖来了一次聚会。除了极少数几个外，大部分都战斗在基础教育第一线，是所在学校教育教学工作的主力，为城市农村基础教育的发展奉献了青春与热情。现在想来，我们自打从师专毕业以后，每人在各自不同的人生轨迹上行走着。可每人都能问心无愧。当时，我拿到老师的题目，想到这一茬，文章的立意不就出来了吗？

天气预报里，不时有北方冷空气南下的消息。怕冷的人们，早早地把自己裹在厚实的衣服之中。而也有的人，坚守春捂秋冻的信条。冷风嗖嗖为冬的到来造势。此时，河塘里水落石出，远山更其碧，给人一种宁静之感。我们的学校在农田的包围之中，收割之后，田野里一派静谧。得闲的地块正为着午季蓄积着地力，机收后的半尺高的稻茬戳在地里，呆呆地等着犁进土里，作为基肥。我的一文友，在网上晒出了他在自家地里撒豌豆和莴苣籽的图片。由此，我想到了春上青青的豌豆角。我们在麦垄旁把豌豆角摘下，放在水锅里煮。待水沸了，那豆便已熟了。拈起豆荚，放口中，只消两唇夹住，用手往外一抽，豆和壳便分开了，然后，那特有的芳香溢于唇齿间，是其他吃食无法替代的。而那莴苣，越冬之后，那贴于地的几片叶，便得势泼辣起来，一下蹿高，叶片张扬起来。春日午后暖阳下，那绿色或绛紫的叶子，发出阵阵特有的气息。种菜人望着那整畦的莴苣，心里高兴起来。很多人，把那叶子披下，扔掉或喂牲口，其实，它们是上好的降三高的绿蔬呢。而把莴笋切成细丝与韭菜伴炒，清新爽口，很受人欢迎。这由冬而来的顺季蔬菜的口感，绝对胜过大棚里反季节的种。这是冬的酝酿，冬的奉献，是冬日里的春天。

我的一位老同学，住在村上，是一名小学老师。他利用课余时间，在一块空地上，种了些蔬菜。他说，他种的菜，绿色无污染，是绝对可以放心食用的。有时候，他顺道捎带些给我。冬日里，那经霜的圆棵青菜，吃起来那口感确实胜过一般。我的同学，是一个实诚人。他上课，总是兢兢业业，当校长，也是为着学校一心牵挂。吃着同学亲手种的菜，我仿佛看到我的同学在菜园子里精心莳弄的样子。我十分羡慕老同学的生活状态。他知足常乐，对这个世界无有任何非分之想，一心做好自己应该做的事。一想起我那老同学，我心中总是暖暖的，尤其在新冬里。

春种夏忙秋收冬藏，这是我们这一个农业大国经年不变的农耕文明表征之一。《诗经》云："穹窒熏鼠，塞向墐户，嗟我妇子，曰为改岁，入此室处。"（《诗经·豳风·七月》）一年忙到头了，这些可怜的农人们，到底得到些什么呢？好东西，统统交给了贵族。他们只落得一个家徒四壁！"采荼薪樗，食我农夫"（《诗经·豳风·七月》），冬日来矣，他们只能砍倒臭椿煮苦菜度日，何其不公平矣。千百年来，在自给自足的小农经济下的中国种田人，他们的血液里流淌着一种基因，那就是一定要有丰厚的冬藏，以备不期之虞。是啊，天灾与人祸，作为个体的他们承受不起啊，手中有粮，心中不慌啊。斗转星移，时序更新，进入到了新的世纪，延续了两千年的农业税得以减免，国家强大的社会保障体系，土地承包在原来的基础上，再延续三十年，乡村振兴计划……有了这些，还有什么后顾之忧呢？这些才是世代以土地为生的人们的最大的定心丸，是他们在冬日里看到的最明媚的春光！

小雪

却是炎洲雨露偏

静静地阅读，真的是美好的享受，在这初冬里。

周日上午，我在家中客厅里看我喜爱的刊物《读书》。正看到作者石小军的《中世纪英国学校教科书里的世界》。读着那些有关中世纪教师同行们悲催又可笑的故事，便觉得我们现在的工作无论哪方面，都有了大大的改观，心中便有了较大的释然。一缕阳光照进客厅，连日来阴阴的天，陡见好转。此时的日光，正与我的好心情合起拍来。翻看日历，小雪时节了，更觉时光快呀。仿佛写就立冬的文字，刚刚搁笔，这便要酝酿小雪的情思了。把小雪到来时的所思所想写成文，以酬文友们的关注，同时也把自己的年度写作计划向前推进一步。

是啊，几番寒潮过后，天真的有点微寒了。可在这微寒之中，对于乡村的阅读，是清新，是一个爽劲儿。小猫小狗之类，在路上很少见到了，不知道它们蜷到什么角落里窝冬去也。田野里各种鸣叫声不见了。能坚持的残菊，虽泛着老黄，却也是萎靡不振。田里还有最后一茬晚稻没有收割，村人告诉我说，要过了小雪。倒也是，在灰蒙蒙的天空下，这连片的灿灿的金黄，在村落间，倒也似印象大师的那一抹，一种煞是可爱的风景。停下车来，不为别的，却为的是欣赏那碧瓦白墙农舍旁的那片菜地。与那清丝的农舍一样，那菜地被打理得条理有度。排排新蒜在微风中点头，愣是让人直想扯上几根去做那刚钓的鲫鱼新烹或排骨炖萝卜的起味佐料。那圆颗的青菜，一个挤一个，欲挣脱集体。还未经霜的击打，这青菜的口感不是很好。江南啊，就是这样，虽然寒露霜降过去多少天了，却不见霜露踪影。较为惹眼的是，人家房前拉起的绳子上，一颗颗的高杆白正倒挂在绳子上。把它晾去一部分水分后，切成细丝，腌制后，码压在坛罐内，不几日便可用于佐饭或喝茶了。农家主妇们各有手段，腌制的香菜各有特色，她们最需要的是品尝者来两句赞美的话。她倒能把这话传遍整个村子，就如写论文的学者引用的名人名言一样对待。而性急的人家，早已在门前晒起了刚灌的腊肠，惹我们想起了过年。然而，更能让人想起过年的，莫过于漫天的飞雪了。

身处江南的人们，总是盼雪。雪总是美好的，洁白的雨的精灵，飘飘洒洒，来装扮大地，一切是那么让人倍觉一新。不知道北方的人如何。作为一个南方人，雪一下，就有一种到了岁末的感觉。农田无事，工地停工，准备过年摆上了正经。"晚来天欲雪，能饮一杯无"（唐·白居易《问刘十九》）这是男人们在这个时节最微妙的心理。几个能说上几句投机话的男人，遇到这样的欲雪之晚，一壶老酒烫起来，惬意啊。然而，当日历撕到小雪时，心里怦然一动，时间过得真快啊，小雪了，可是江南啊，离下雪还遥远着呢？该做的事，还得做完。每天天还蒙蒙亮的时候，在初冬的乡村干道上，总能看到成群结队的，骑着电瓶车，去开发区上班的男男女女的村民们，他们上有老，下有小，总想多挣一点，让家人的生活质量有一个提高。我想，此刻的他们，是不是已在酝酿着过年的事呢。或许有，或许没有吧，有事干，总是好的。总有一天，事情会做完，老天总会下起雪来的，心中的梦想，总会实现的。

"甲子徒推小雪天，刺梧犹绿槿花然。融和长养无时歇，却是炎洲雨露偏。"（唐·张登《小雪日戏题绝句》）作者是说，小雪时节，天不下雪，一派生机盎然的样子。是因为他算错了日子，或是暖雨下错了方向。导致在这样的初冬时，人觉得很舒服。古人说得很俏皮，这也是反映了一种心态吧。张登，中唐官吏，性刚直，一生宦途坎坷，我们从他这首咏小雪诗中，不难看到他对于仕途不顺的换一个角度的思考。在这冬寒渐强的时节，人们需要的就是一种良好的心态。像这寒潮不断侵袭的天气一样，我们每个人的生活际遇不可能一帆风顺。此时，我们就要像张登那样去换个角度思考。我们可以去静静地阅读，在阅读中平复躁动，在安静中享受哲思。我们也可以来一个说走就走的旅行，在大自然中寻找春天。去运动场上看看吧，区中小学生运动会正如火如荼地进行着，在这个无雪的小雪季节里，孩子们对抗着寒冷，奋力拼搏着，谁能说，他们的心中没有明媚的春光？

小雪，无雪。

太行初雪带寒风，一路凋零下赣中。

菊萎东篱梅暗动，方知大地转阳升。

这是赣人左河水先生二十四节气诗之中的小雪诗。吟诗寻人，方知这个左先生真是了不得。这么说吧，他是一个在多学科多艺术领域皆有建树的杰出人物。单凭上引这首小诗，我们便能领略到此人的城府与内心丘壑了。你看，小雪时节，自北而南，渐次呈现出一派肃杀景象。当我们的情绪与东篱萎菊一起下降到冰点之时，却着实怦然嗅到墙角暗涌之梅香，心中便又荡漾起春的希冀。在寒冬里，着实有了对美好的憧憬与温暖。是啊，小雪三候之中，便有天空中的阳气上升，地中的阴气下降之说。于是，我们便知道诗末"方知大地转阳升"既来得有据，又是一种切身感受。寥寥数句，大处着眼，细处落脚，把小雪节气写得如此玲珑剔透，真见功夫啊。左河水，一个生于上世纪50年代末期的农村孩子，成长于"读书无用论"流行的70年代。初中毕业后，他便回到家乡务农。回到家乡的左河水，对未来充满无限迷茫，可谓是他人生的冰点。而迷茫之后，他立志当一个农民作家。他曾背记过中国第一本《成语词典》，借读了当时流行的一批红色文学作品，创作了短篇小说《杨柳》，独幕黄梅戏《红梅》等，直至国家恢复高考方才搁笔。可以想见，他当作家的那种志向，不正是他内心希望的暗香涌动吗？而正是有了这种信念，他才得以度过人生中的小雪寒季，迎来了风华正茂的人生之春夏！也可以说，《小雪》一诗，便可为他当初心情的写照。

确实，每个人的心中，都曾存有希望的，正如左河水先生。好在左先生，后来遇上了好时代，兼以自己的勤奋，成就了他辉煌的事业。而大多数人，却在他一生的道路上，埋没着自己的理想，成就着他人。

小雪的到来，我极易想到陆游的《初寒》诗，尤其是想到其中那一句，"拾薪椎髻仆，卖菜掘头船"，我佩服诗人传神的描写，写的是梳着椎髻的孩童和划着平头小船的村夫，在小雪寒冬到来之时，为着他们的生计而动的场景。而每读到这两句诗，我便想到了我的大姐。我一直想怀着感激之情写我的大姐，这是我多年来的一种愿望。天，阴阴的，北风渐烈，枯树的枝子风中落下。而这些枯枝正好补充了炊饭柴草的短缺。于是，拾柴禾，便成了大姐的一桩大事了。十来岁的大姐穿着大人的不合身的衣服，作为工作服，萌萌的，瑟瑟的和她的小姐妹们穿行于冬树林中。每天背着一大捆树枝到家，总是得到满满的夸奖。反之，就要挨骂受罚。不仅拾柴，大姐也承担着照管弟妹的任务。这样，我们也帮衬着跟在后面拾柴。直到现在，我看到路边的树枝，便会回忆起旧时拾柴的情景。记得有一件趣事。天冷下来了，田间的一些小兽，比方说黄鼠狼之类，便到树林间寻找树果度饥荒。村中一平时对小孩表现得极古怪的老人，便在树下挖洞装弶来捕捉。这个秘密被我大姐和她的小姐妹们发现。于是，她们小心翼翼地把作为饵料的熟鸡蛋退下，作为美食来分享。

当然，是以我为代表的小弟们吃的次数居多。如是者数次，那老人以为得罪了哪方神仙。而大姐趁势说，是他对小孩子太严酷了，老人信以为真。对我们和蔼起来。结果是，他有了收获。当然，这位老人，早已作古。不知他从这件事上到底有没有悟出点什么来。也记得，大姐们梳起无数条小辫子，在每条小辫子上缠上彩带，扮作藏族姑娘，用清亮的少女的嗓子，哑拉索、哑拉索东一句西一句地唱着歌颂党歌颂毛主席的也不知从哪里听来的红歌儿，真是"歌声震林樾"啊。从她们的歌声里，我分明听出她们是有抱负的。可是，由于条件有限，她们没有机会读书，成年后，嫁作人妇，只能成为普通的农村妇女。不是吗？在姊妹兄弟成群的年代里，大姐在前，我们是幸福的。（当然，当时我们是感受不到的。）由于家庭经济条件有限，或因重男轻女的思想，大姐失去读书的机会，有时候，她还代为小弟或小妹受罚，因为忙碌务农的爸妈直接把小弟小妹犯了错归咎于大姐没有带好。而现在，当大姐有时"显摆"着她自学的几个字时，我的心中，还为她隐隐作痛。只可恨时光不能倒流。现在父母已辞世，大姐便成了我们的精神领袖。我们每家有什么事，总到大姐家商量着办。尽管有时她不拿主导意见。现在看到大姐家好起来，我的心中便有了宽慰。因为，我的大姐，曾带给我们很多的温暖。

然而，在这寒日里，带给我们温暖的，不仅是我的大姐。这几天，我的一个远房表亲的妻子，仍在经受病痛的煎熬。一个热爱生活的人，爱人的病痛，不亚于自己的病痛。而作为一个男人，要用无限的爱，支撑起一个家庭。而作为一个公职人员的他，更用自己的无私奉献，用自己一颗滚烫的心，温暖着千家万户。在这个真正的男子汉身上，我们平时看不到一丝的忧伤与颓唐。生活一天天地好起来，但不保没有寒流经过。哪怕是在炎炎的夏日里，可怕的洪峰一次次来袭，冲击着他所负责的堤段。一边是系着千万人安危的重任，一边是妻子在医院里的撕肝裂肺的剧痛，两边的状况拉扯着这条汉子的内心！几天几夜不合眼大堤上的舍命奋战，仿佛忘记了整个世界。躺在医院里的妻子，也绝望地以为，今生，他已经抛弃了她。可谁知，在稍一有空迷糊一下时，他的眼前总幻化出妻子痛苦的情状，心如刀绞！却又在清醒时，强忍着泪，把自信与坚强传给每一个在大堤上坚守的人！在多次和他面谈时，他总是淡定地说，一切总会好起来的，就像这洪水，来势汹汹，总会退去的。当洪水退去，在弋江区（我所在的城区）表彰大会上，他全篇总用第三人称，描述着集体力量抗洪的经过。对自己的妻子自己的家，总是轻描淡写，一笔带过！有理想，有担当，有情感，我的表亲，就是这么样的一个人！

　　小雪漫漫，悄无声息，"一片飞来一片寒"（唐·戴叙伦《小雪》），然而，我在悠美的传奇乐坊演奏的《梅花三弄》中写下以上文字，分明感受到一种豁达袭来，一脉温情在关照！

　　"六出飞花入户时，坐看青竹变琼枝。"（《对雪》）这是晚唐名
将高骈对大雪的吟咏。诗歌给我们营造了一种玉树琼枝的美好印象。
可是当我们读到该诗最后一句"盖尽人间恶路歧"时，我们便陡然
明白，原来，诗人是想通过对雪的吟唱，一吐胸中的某种块垒呢。
再来看唐代诗人岑参吧，一句"忽如一夜春风来，千树万树梨花开"
（《白雪歌送武判官归京》），达到了古代文人咏雪的一个难以企及
的高度。可我们读完全诗，还是看得出他也是在借雪景的描写，表
达了个人对友人的依依惜别之情以及由此而生发的某种怅惘。直到
"北国风光，千里冰封，万里雪飘"（毛泽东《沁园春·雪》）的横
空出世，才真正使无数人为之倾倒。因为，在这首词里不再能读出
个人的恩怨情长，却看见一个高瞻远瞩的领袖人物的时空跨越与人
民情怀。

　　是啊，又到了大雪了。咱们芜湖这个小城，小雪无雪，倒是一
场过境的重霾，欲发撩起了人们对一场雪的渴望，希望这洁白的精
灵的到来，还我们一片原本纯净的天空。终于有了好消息，大雪节

气前一日的《大江晚报》上以醒目的标题写道"初雪可能在大雪节气到来"。抬头看窗外，云压苍天，确实也给我们一种仿佛雪要来的信号。"大雪江南见未曾"（陆游《大雪》），说得是呀。仿佛大雪小雪，这两个节气，到了江南，只是一个时令符号而已。而此刻的北国，早已是一场又一场地盖了下来。"雾凇挂满枝，片片雪花飘"（《大江晚报》标题），如梦如幻的美景已然形成。用冰天雪地来形容此刻中国的北方，一点也不为过。可并不是说，江南没有雪。我们只能尽情期待吧。然，在我的记忆中，几场大雪，总是无法忘怀。

2008年那场大雪，连续下了好多天。学校停课，工厂停工。我们自发到一些交通重要的地方铲除积雪。那天早晨，当我来到205国道边，场面令我震撼：整个国道成了一道冰河！道路上不见一辆车！这国道，是国家经济运行的一条命脉啊。在平时，路上车辆来往甚是繁忙，总觉得路上有点吵。可是，现在路上却只剩下旷古的静谧，倒让人产生了一种莫大的恐惧感。这条路，乃我国南北大通道，不可一日不畅通哪。如不早日打通，怎么得了啊。于是，你来了，我来了，人人齐上阵，脱去棉衣，奋起铁锹，人多力量大。最终，这条大命脉贯通了。看着滚滚而来的车流，人们的脸上，又绽放笑容。

我念高二那年的雪下得很大。此际，台湾校园歌曲《脚印》正流行，"洁白的雪花飞满天，白雪覆盖着我的校园……该怎样留下脚印一串串"，在一片雪白的校园，唱这歌正是合适不过了，尤其是，对于我们这些努力想通过读书读出一条人生之路的农村学生而言，还真有一点鞭策作用。由于雪太大，学校提前放假。我们几个农村学生便一大早打点简单的行装，到县城的码头上，乘挂机船回家。（雪大，铁路，公路停运，只得走水路）那柴油机突突的轰鸣声，打破了雪落两岸村庄的宁静。小船载着几个寒门学子和一帮民工，瑟瑟寒风钻进船舱，呜呜地响。本来衣着就单薄的几个高中生，也是冻得不行。可是气盛的年轻人，不能在别人面前表现出对寒冷的畏惧。于是，我们纷纷上到船的前甲板，在大雪飘洒中，站立船头，中流击楫。冬季水枯，河床和河堤连为一体，被厚厚的雪所覆盖。夏日伟岸的大堤，这时也委屈了自己，向苍天雪原低下了头。汛期宽阔汹涌的大河，此时，只有中间一溜窄窄的河道了。场面激发了我们的热情，把肚子里可怜的几首豪放词，尽数吼了出来。一者为卖弄，主要的还是为了运动取暖。最终，还是被船家叫进了船舱中。可是，进了舱中，还是纵论天下，不可一世。三十多年过去了，江中挂机船载客早已成为历史。可是每次想起那种励志的风雪中流的情景，都热血奔流。

如今，我一读到"谢太傅寒雪日内集，与儿女讲论文义，俄而雪骤……左将军王凝之妻也"，便想起那一个下着雪的傍晚。那时，我们兄弟俩还在读着小学。放晚学的时候，天阴阴的，偶见雪粉从树桠间散下来。这足以让我们兴奋了。能见到下雪，是一件稀罕的事。过不了多久，那雪片悠悠地从天际落下来。树上，地上，早已覆盖了一层薄薄的雪。父亲从外面带回一包熟羊肉。于是，我们支起泥炉，烫起羊肉锅子。父亲一人喝起酒来。过不了多久，天已全黑，外面风紧。能听见风裹挟着雪发出飔飔的声响，分明听到有树枝压断的劈啪声。昏黄的灯光下，泥炉旁，我们一家围坐吃着火锅，格外温暖。此刻，低频嘈杂不太清晰的收音机里，正放着儿歌《小二郎》。酒酣的父亲想来考我们兄弟一下，问歌词中到底是"无面见爹娘"，还是"无颜见爹娘"，兄弟俩各执一词，互不相让，最后，还是父亲呵呵一笑，不置可否，只是说，不管是"无面"还是"无颜"，只要好好念书，做一个正派人，都有脸见爹娘……到如今，这事还时时记起。我以为，这是父亲对我们借此教育的一个鲜明之例。那一晚，我睡得很香，梦到一轮红日下白雪耀眼的新世界。到第二天打开门来，果然如此。

　　是啊，大雪不是常常光顾"大雪"时节的江南。可是，江南人对雪的期待总是无限存在着的。就拿芜湖这座江城而言吧，从城里到乡下，从起伏的丘陵到蜿蜒的溪流，从静美的田野到四通八达宽阔的马路，都在等待着一场雪的洗礼。"江南雪，轻素剪云端。琼树忽惊春意早，梅花偏觉晓春寒"（王琪《望江南》）盼啊盼，盼到深寒春将近，或许盼得几许浅雪唤春来。作为凡夫俗子，我们没有"谢女联诗衾翠幕，子猷乘兴泛平澜"（王琪《望江南》）的雅兴，只剩"今年麦盖三层被，来年枕着馒头睡"的讶异与共享了。相信吧，不期而遇的江南雪，总会给我们带来无限美好的想象。是啊，想象总是有的，我有一个朋友，大雪节气来临之际，他正在安徽巢湖半汤乡学院学习。他通过学习，掌握了一个新的理念，那就是，乡村是未来中国人的奢侈品，他的任务是把农村建设得更像农村。那么，这样的农村到底像个什么样，那就靠他们这些农村工作者们去想象，去创造了。

大雪

怦然花香袭人来

天阴阴的，看一下日历，大雪节气了。我上一次写大雪，题为《大雪往往成追忆》，是说，在咱们芜湖这个地方，大雪小雪节气里，往往无雪，倒是来年三月份，下着桃花雪。今年也是如此，小雪没有雪，大雪照样没有雪，只是那么阴阴的，像要下雪的样子。然而，大雪时节的几种花，倒使我印象深刻。记下来，以为写给大雪的文字——

意大利大诗人但丁说：我向前走，遇到花儿我的脚步就慢了下来。我说，是花的香，让我在无雪的大雪节气感到阵阵的美好。

腊月间，打谷场上。一阵轻风带来一股清香。哪来的香气？顺着香气来的方向，确也见土墙后几枝放射状的枝条在风中摇曳。枝上有鹅黄的串串小花。近前看，花瓣是透明的，在寒风中颤动着，明白了，那沁人心脾的香便是枝上小花释放出的。绕过矮墙，知道了那些枝子，却是长在一根粗壮的主茎上的，没有人修剪，于是，随意长着一些戳向四方的枝子。透过成串的小花远望，是大片碧绿的油菜田，倒也很美。"是腊梅！"一个人叫了起来。这话提醒了我。

是腊梅，只有腊梅才有那样诱人的香啊。梅以曲为美。可这株梅倚在断垣边，根本没有谁来按照什么美的理论来打造，可它不是照样是在风中"美"着吗？王荆公诗云："墙角数枝梅，凌寒独自开。遥知不是雪，为有暗香来。"此梅恰是也。又有励志诗云"梅花香自苦寒来"，然而，实际情况，并非诗中所说，我眼前的腊梅，经如春的今冬，不也香远益清吗？我赞美这棵腊梅。

我晨跑的那条道绿化带里的花草树木层次分明，仿佛有一股清香，伴着我。冬初，园林工人在新土上植上了成片的矮树。看着倒像是桃树，但也不能确定。半人高光秃秃的枝上没有一个叶子。样子很难看。每天跑过它们，没有希望它们能给我带来什么惊奇。然而，一天早上，在熹微的晨光中，我发现在其中一株上零星地出现了几个白点。或许是园林工人不小心洒了几滴石灰水吧，我以为。可是，明明下了一场大雨后，那些白点不仅还在而且增大增多了。纳闷！跑近一看，原来是枝头上起了白蕾！而竟没有一点先兆。我想这株莫不是一个急性子。其他的在冬睡着，它为何急欲开花了呢？又过了两天，便能看到一朵朵白白的小花了。正是这些小花，散发出一阵阵的幽香。这时，我确认这就是梅花了。我想象，不需要多日，这一树梅花会彻底绽放。我有了底气，就叫它为冬梅了。我每天经过那梅，也仿佛她每天和我有个约，在静静地等着我去欣赏。而我，看到那株独立出众的冬梅，本已享受晨练的好心情更加舒畅了。天寒地冻的早晨，大多数的人，正在热被窝里做着梦，而我和几个坚持早起晨练的人，正在享受着别一种愉悦。不也正像这性急的梅一样，斗寒而自在！

我在敲着键盘，右手边是一盆水仙。我一抬眼，便能看到挺拔的葱绿色的花茎上几束素净的白花。花后的白墙上正好是一幅浅黄底子的书法横轴。清香在书房里弥漫。水仙宽阔如兰的叶子，肥硕如葱的根，总能给人以美好的感觉。水仙最好养，只那一小盆清水，几枚卵石则可。有阳光的日子，把它拿到阳台上晒晒就行了。对于养花人，没有什么别的要求。可以说，这是一种适合懒人养的花。花期又长，能开近半个月。因此，几乎每年我都会养那么一盆或两盆的。在冬日里，水仙是伴我最长的一种花了。而今年，妻子冷不丁抱回来一盆奇特的花。这种花，白天是红花黄蕊，而到晚上，它又变成了紫花白蕊。这还是平生第一次见到。于是，迫不及待地上网查找，原来，花名为瓜叶菊。一个来自国外的新品种。我分别用手机摄下白天和晚上的花的影像，区别起来别有意思，只可惜没有时间和设备记录花色的渐变过程。除了光线变化决定了花的色变，温度在其中也起了一定作用吧。这种叫瓜叶菊的花，让我在欣赏过程中，时时感受到自然的微妙。

于是，在漫漫的寒冬里，这几种花陪伴着我。我的日子温暖了许多。

大雪无雪，有花！

冬至

我们的冬至

一说起冬至，我便想到老会计那句话。多年前，我们的供给关系还是属于县级统筹乡镇包干的那种。每至年底，已几个月没有关饷尚要准备过年的我们，一碰到老会计便脱口而出，"会计，什么时候发钱哪？"他总是用永不变更的语调说，"冬至不过年里。"要不，后面还加一句"阎王还差小鬼钱？"我们也知道这是无奈的搪塞。可也会得到一丝的安慰。毕竟，再难，镇上也会想些办法，让我们把年这个"坎"跨过去的。现在好了，每月工资定期上卡，有了保障。每当听到办公室里手机同时"叮当"一声，大家会不约而同地说，"工资来了！"每每此时，我总会想起老会计那句话，且感受时代之变。

也常听母亲说这句话。小时候，家里每年养一头大肥猪。苦日子里，多么期待宰了它，滋润一下等待久了的肚肠！便不时问母亲，何时杀年猪。母亲总是回，"冬至不过年里吧"。且告诉我不要当着牲口说这样的话。因为怕它听了会伤心的。想也是，早一把草晚一把糠地喂，从猪仔到大肥猪，早已把它当宠物待了。杀年猪，在农村是一件神圣的事。一来，年关将近，屠户忙，有他的安排，还要寻个吉利的日子。二来呢，要等到亲朋好友一起来撩猪尾吃杀猪饭，大家小聚一次。因了这些，那日子就不好定。哪天母亲早早起来烧了一大锅水，家里的亲朋陆续到来，再看到那大师傅用长长的捅条背着装满刀叉的工具篮来了，便确定那天是那大猪大限的日子了。为了验证母亲平时的话，翻翻日历，咳，差不离儿，总是在冬至附近。一阵小鞭燃放后便正式开始。当三四个内行的人，把那家伙从笼中诱出，摁倒在盆沿时，那高亢凄厉的叫声，向几乎整村人们正式宣告村中又有一家在杀年猪这一大新闻了。等到师傅利索地把两大片猪肉分割成一刀刀的条肉，被左邻右舍或现钱或赊账拎回家后，剩下的人们，便围坐在一起吃杀猪饭了。用现在人的视野回望，那一顿饭吃得那欢畅，绝对一个字，值！用晒了多少个太阳的柴火焖煮的本色的土猪肉，早晨霜地里间来的新鲜菜蔬，再佐以刚剖杀的鲜美的白水氽红鲢，打开保存了有些时日的好酒。那菜酒混合的气息，越过屋脊，半村飘香。大家一起在堂屋里把酒叙旧，热闹非同平常。冬至过后，天气更是一天冷比一天，可是因为陆续有人家杀年猪，腌腊肉，灌腊肠，家家户户为了年而忙碌了起来。性急的人家，还早早地炸起了圆子，年味渐浓起来。这样一来，人们似乎也不觉得那么冷了。

冬至想到年，有其渊薮。民间早有谚曰："清爽冬至邋遢年，邋遢冬至清爽年。"人们以冬至时的天气，来推测寒潮的态势。古书上说，冬至远在周代是新年元日，是一个很热闹的日子。《汉书》也说，人们最初过冬至是为了庆祝新的一年的到来。《周礼春官·神仕》上说："以冬至日，致天神人鬼。"目的在于祈求与消除国中的疫疾，减少饥饿与死亡。于是，人们便把在过年的祭祀，提前在冬至进行。冬至祭祀，人们表达感恩之心，慎终追远，把祖传的好的家风传给后人，表达着对美好生活的憧憬。

其实，在一天天过着冬日的同时，新的变化也在进行着。"吃了冬至面，一天长一线"，人们把冬至当成了一个界点。这"长一线"不光是时日长短的分界，更是一种希望渐长的信心表现。而在文人那里，也用各种表现手法，渲染着冬天里春的信息。不信你看，文人们每天上下联各写上一笔，一个九天上下联分别写一个字，九九过完，一副对联就写完了。有的人写的是现成的，也有的人是定首字，或定韵，或定主旨，每天斟酌着写，这样，整个九天就过得有滋有味了。这时，他们不是想着这个冬天有多冷，而是有着那么多的盎然趣味了。我随手摘录几联："故城秋荒屏栏树枯荣，庭院春幽挟巷草重茵。""屋后流泉幽咽洽香草，庭前垂柳珍重待春风。"（这一副据说是道光皇帝所制）"幽柏玲珑浓荫送秋残，柔柳轻盈香茗贺春临。"我们从这三副消寒迎春联里，并没有看到什么严冬的肃杀，透过"草重茵""春风""柔柳"，我们可以看到春天是那样的美好。也仿佛那个人在搦管运笔之时，对春天心生向往之情。写着写着，春天就真的来了。

"西北风袭百草衰，几番寒起一阳来。白天最是时光短，却见金梅竞艳开。"（左河水《冬至》）在这数九寒天里，梅花傲雪开放，真让人在寒冷中，增添无限的信心与力量。每一天，在枝头上续一朵绽放的红梅，等到九个枝头上分别画上九朵梅花，一树气韵生动的梅花图便告画成。而这时，大地上已是万物复苏，一片盎然春意了。心中有信念，在每一天每一朵梅花中，表现出自己与寒冷争斗，表达自己战胜困难的信念，这不也是一处美好的享受吗？

写联画梅消寒，都是文人的事，高雅有余而和者寡。而劳动人民，也有着自己的数九方式。你听："一九出门冷清清，万岁差我去送春，一送南京大舞馆，二送民间太平春。二九出门冷飕飕，先生写字怕墨磨，学生写字想烘手，机匠织布懒抛梭。三九出门冷冰冰，大船冻结在江中，站在躺船头难开网，对对鲤鱼归江心。四九出门雪加霜，家家户户把门关，有福之人烘炭火，无福之人把风尝。五九出门到年边，灶公灶母上青天，灶公上天奏好事，灶母下界保平安。六九出门刚打春，霜白似雪盖满村，百样树木都落叶，只有松柏仍长青。七九出门六十三，行路之人把衣担，遇到凉亭稍坐下，无须解衣把风扇。八九出门春更深，树木发芽草透青，大地回春风光好，迎春花开爱煞人。九九出门八十一，鱼在塘中寻食吃，搞鱼之人懂鱼性，近山之人识鸟音。"听得出，歌中所反映的人们从事的生产劳动，距今天有些久远了。可是，这首记载在南陵县《峨岭乡志》上的这首九九歌，还是反映了冬至以后江南小区域的气候、物候，以及人们从严寒中走来，不屈服于严酷自然，战胜生活艰难的顽强精神。

冬至前几日，改革开放四十周年大会召开。会上，习近平总书记说，艰难困苦，玉汝于成。那些忍饥挨饿、缺吃少穿、生活困顿几千年来困扰我国人民的问题一去不复返了。不是吗，我们现在再也听不到"冬至不过年里"的无奈之声了。习近平总书记还说，我们现在正处在一个船到中流浪更急、人到半山路更陡的时候，是一个愈进愈难、愈进愈险的时候。这正如立冬节气一样，是一个由寒冷进入更加寒冷的时候。然而，"冬至阳生春又来"（杜甫《小至》），我们只要有信仰，信念，信心，就会愈挫愈奋，愈战愈勇，走过严寒的冬日，迎接美好的春天！

　　路边的野菊仍在一个劲儿地开放着。花有黄色的，也有紫色的。尽管在这冬天里，时令已到了冬至！而此时的菜蔬中，经霜的圆白菜正是好口感；凉拌芫荽端上餐桌，无论是气息还是那独特的味道，会立马让人神清气爽；而这时，一些腌制小菜诸如泡姜、五香萝卜、香菜之类，皆碟装上了早餐餐桌。人家院内向阳的一面，腊肉腊肠正晒得流油！

　　冬至又一年！

　　人们在冬至进九有大补的习惯。有俗语云，三九补一冬。而道家认为，冬至阴极一阳生，是养生的大好时节，道理何在？因为到了十一月，阳气重生，人的消化力特强，吃进的东西易于接收。一般人也认为，冬天不易流汗，营养不易随汗发挥而去。常见的是用家养的老母鸡做药引。将退毛羽内脏的鸡腹内塞进鸡药，入锅内笼屉之上，用沸水清蒸。这种方法，比起直接水炖效果要好得多。而我向来没有大补过，一直以来，每天几碗干饭落肚，能蹦能跳，头不晕肚不闹，还要补什么呢？倒是冬日长长，口腹之享不可少。做什么呢？对呀，砍几根羊排，沸水焯去腥膻，加料，平火长熨，待到骨肉欲离之时，便可烩而啖之，白汤白萝上火煮可矣，老抽红烧炝辣也不错，这就看各人的口味了。

天，真的冷下来了。田里的霜酽酽的。两件单裤，也抵挡不住凛冽的寒风，需要加厚衣了。然而，照样地，能看到那些民工，大清早，骑着摩托，呼啸着从寒风中经过，到他们的厂子里上班。他们不冷吗？在集镇上，停下车，热热地吃一碗面汤，这可能是他们一天中的一次不可或缺的享受。这是晚上回去，老婆孩子一锅熟，再扳倒半斤八两白酒那种快乐的预演吧。时已冬至，这可能是一年到头关饷的一个节点。天道酬勤，今年没有缺多少工，工资收入应该不错的。想到这些，也不觉有什么冷不冷的了。现在，家里的几亩地已租给了大户，田里也没有忙的了。一门心思上班。家里的所有的开销，大部分就来自自己的工资。他们可是家的顶梁柱，老人需要照顾，小孩在读书，他们可不能有什么闪失的。在这个数九隆冬里，稳稳地开着车上班，稳稳地开着车下班，一切显得很安详。目前这个厂子效益不错，还可以在那里继续干下去，如有更好的地儿，跳槽！就这么自由。

学校的操场上，火红的旗帜在蓝天下高高地飘扬，近千名学生正在操练着，冬日的阳光倾泻在这一片操场上，每一个人，都沐浴在温暖之中，雄健的音乐，优美刚劲利索的动作，给人以活泼与生机，这个场面，哪里能让人看到，这是冬寒三九甫始的某一天的课间呢？孩子们统一着红色的冬季校服，青春在他们的眉宇间飞扬，第二套中学生广播体操《时代在召唤》在孩子们肢体语言的诠释下，全场春光，处处充满着热切的期望。九年级的学生，明年一开春，就进入了中考的倒计时，而中考，是每一个家庭、每一个孩子的希望之所在。这是一所普普通通的农村学校。没有肃杀，没有萧条气象，在这孕育着无限希望又宁静的冬日的田野里，学校更给着人们无限的温暖。

史料载，冬至是我国农历二十四节气中最早出现的一个。它源自一次国家层面的都城规划。早在三千多年前，周公在平地立竿测日影，测得洛邑为天下之中，而定都于斯。殊不知，当时这一个有着政治意义的举动，却成了影响后世几千年的节日。《周礼春官》上说"以冬日至，致天神人鬼"，目的在于祈求与消除疫疾。就目前而言，我国北方还保留了冬至祭祖的习俗。而南方，则把祭祀活动放在清明。

冬至，又称"数九"，这一日起，九天开始。人们数着日子过，便有了一种心理指向：冬日渐去，春天不远矣。"日逢三九，相对梅花倾寿酒。次第回春，甲子从头又一新。"这是一阕小木兰花，你看，三九的到来，我们的词人不是跺着脚直叫着冷。他端着一杯美酒，眼光直透到无限美好的春天呢。"玉露迎寒，金风荐冷，正兰桂香。觉秋光过半，日临三九，葱葱佳气，蔼蔼琴堂。"这里，几句沁园春，词人经秋人冬，达到三九，反而给我们营造了一种充满和顺的生活环境。三九来了，春天还会远吗？词人可能就是这么想的吧。只要心中是温暖的，眼中还有什么可怕的呢？"庚郎三九常安乐，使有万钱无处著。"黄庭坚在这句诗中，用庚信三九安乐之事，表达一种情怀。这也在告诉我们，人不管在自然或人生的低谷时，都要有一种乐观向上的积极的态度。

俗话说，"夏练三伏，冬练三九"，自有一种励志的意味在内。就我而言，我更喜欢三九。我多年坚持晨练，夏日倒不可怕，起早一点，就无烈日炙烤之苦了。真正对人有考验的，还是那数九寒天。在我们芜湖这地儿，有一种"三九心里"的说法。以概念外延角度来看，这"三九心里"，可指那整个八十一天，也可以指前三九，或前三九的中间二九，更小一点或指第三九的第五天。又可指五九或六天，因芜湖地区又有一句俗谚"六九五十四，春风如扎刺"。在数九寒天里晨练，每过一天，我都有不同的心理预期，等到九九全过，我也庆祝自己又一次战胜，自己的毅力得到再一次的锤炼。可以说，我在三九中，迎战极限，快乐无限。

小寒
喜鹊于飞

写小寒，还是让我从一首唐诗写起吧。唐代诗人元稹，一首《小寒》，可谓写尽了这个节气的方方面面。请看：

> 小寒连大吕，欢鹊垒新巢。拾食寻河曲，衔紫绕树梢。
> 霜鹰近北首，雏雉隐丛茅。莫怪严凝切，春冬正月交。

诗中出现了"大吕"，那么，这"大吕"是什么意思呢？原来，我们平时所说的"黄钟大吕"，是中国古代十二律中的头两个音律。黄钟对应子月，即十一月，大吕对应十二月。而后面五句，说的是，古代将小寒分为三候。一候雁北向，二候鹊始巢，三候雉始雊。这三候都说的是阳气发动后的鸟类的活动。大雁开始北迁了，喜鹊开始筑巢了，野鸡开始鸣叫了。最后两句话，说的是，虽然仍是严冬，但离春天正月不远了。大雁北去，抬头常见天空的人字形的雁阵呼啸经过。田野山丘，也常有野鸡的踪迹。可是，关于喜鹊，却是多少年不曾见了。记得几十年前，我家的门前，曾有一棵两人合抱的大桦树（仿佛现在很少见到这种树了）。上面，有一个大大的喜鹊巢。家门前，有一个大鹊巢，总是一件让人高兴的事。那喜鹊，身上漂亮的紫绿蓝白各色相间，翩翩飞来，看了就叫人开心。小时候，仿佛一看到那漂亮的大鸟，绕屋喳喳叫着飞来飞去，家中总有好事来临。起码家里会来客。这样，家中便切换成了待客的模式，前前后后、内内外外便洋溢着喜庆的氛围。这是很多次得到应验的，这种灵异的鸟仿佛能通人性，却是无法解释的。却不像那浑身漆黑的乌鸦，叫声难听，它们一飞来，人们总是拿出长长的竹竿来，唯恐驱之不及。因为它一来，大多会带来不好的事。可能久而久之形成了一种思维的定势了。甚至，"喜鹊叫喜，乌鸦叫丧"的说法一路传开来，成了哲学中事物之间有必然联系之观念了。说起来，那喜鹊还是乌鸦的宗亲本家呢，它属于鸟纲鸦科的一种鸟。人们根据自己的好恶来对于同属于一个宗亲的物类而采取不同的态度，对于那乌鸦而言，确实有失公允。

　　然而，仿佛几十年间，不管是喜鹊，还是那一袭黑衫的乌鸦，却不曾见过。时时忆起它们，久而久之，总认为见不到了。可是，就在这几天，我却看见有喜鹊飞过校园的上空。"吉祥的鸟！"我脱口而出，甚至忘却了上高中时，哲学课上老师带领我们对于关于喜鹊与乌鸦的诡论的批判了。也许是小时候，那一场场对于这两种鸟不同对待的场景的印象太深刻了吧。我第一想到的便是，我们的环境变好了，也或者是它们不用再担心，这儿或那儿，有一支黑洞洞的枪口对准它们了。灿灿的冬日阳光下，飒爽的喜鹊从楼顶飞过，同样，飒爽的影子掠过地面，顺着它于飞的方向，果然，远村的村边一株高树上，一个硕大的鹊巢在等着它回去。料想，它的另一半正在巢里等待着，幸福的温馨的时刻就将来临。难怪它一路高飞，一路欢歌，让每一个见到它的人们，分享着它的喜悦呢。

　　喜鹊于飞，它飞过校园。孩子们抬起头来。它给孩子们带来了喜悦。再有一周不到的时间，就期末考试了，考试一结束，梦寐以求的寒假就要来了。假期里，他们可以自由支配时间，做一些自己想做的事，看一些自己早就想看的书了。还可以到大自然里，使身心得到最大限度的释放。或许在一场雪后，和小伙伴们玩雪仗，塑雪人，尽享雪后冬日里的乐趣。

喜鹊于飞，它飞过田园。勤劳的农人，正在田间，在为越冬的油菜小麦追施越冬肥。他们在这三九寒天里，脱下棉衣，放在田埂上，力铲畦间拢沟，培土温根为菜麦越冬做准备。"莫怪严凝切，春冬正月交"，不要着急，在我们的喜鹊于飞，翅膀扇动的当口，一派春光倏地来归，大地尽展新绿，田园气象焕然一新。

喜鹊于飞，它飞过广阔的水面。过了小寒，腊月来临。准备年货，每年一度的水面大开禁又来到。一阵云烟，喜鹊一下穿越到三十多年前，于飞的喜鹊啊，你可曾记否？最厉害的是"涸泽而渔"那种场面了。人们准备把塘抽干，架起抽水机，大的塘口一部不行，得并排架几部。嗡嗡的抽水机响个几个昼夜。水面慢慢下跌，渐渐露出塘箱。在这个过程中，人们凭水的浑浊度估摸着产量。水再跌下去，塘里面的大货藏不住了。性急的人用锹劈昏了它的头，它首先被揪上来。水低到为了防盗捕而设的树杈露了出来，传出了枝间鱼儿因水少了而产生的搅动声，人们心里乐开了花。而这时，塘埂上早已集中了四邻八乡的男女老少，俗称"一家抽塘，百家鲜嘴"吗！还未等抽塘人把大货捞完，早已忘记了冬寒的人们便拥下来，把那些小鱼小虾往自己的篓子里放。偶尔出现一条漏网的大鱼，塘心顿时抢成一片，泥水四溅。最终，一个个都变成了泥猴子。塘干后，不急着放水，而是让太阳晒干了，晒裂了，据说来年鱼更多。于是，有人整天拿着叉，在干塘边的草丛中划来划去，他们的收获往往是肥硕的黑鱼或值钱的老鳖。这样的故事第二年再上演一次，我们不得不佩服野生鱼类的生命力。

喜鹊盘旋在捕鱼欢快的人们的上空，分享着捕之乐。或许它们在人们归家后，悄无声息地落下，从泥淖中，啄几尾小鱼，去喂嗷嗷待哺的雏鹊呢。

再一种比较厉害的是用"扒网"扒鱼了。方法是用一张大网拖过整个塘口。那时，我们经常能看见十几个壮汉用粗毛竹抬一张大网：这网，不是每个村都有的。用时要租或借。扒时，几十号人分成两组，各在一岸拖着网把鱼往塘的一角赶。最后，聚在一起的鱼儿飞溅起来，然后，懂技术的人用竹篙把网固定成一个方框形小区域，再由另外几个人用捞兜把鱼捞起，这时，是记者拍水产丰收镜头最好的时机了。因网有眼，再加塘底不平，鱼有漏网在所难免，但这对这一块塘的可持续发展是有好处的。

成群的喜鹊在拉网人们的上空飞翔，仿佛想助人们一臂之力。我以为，最热闹的还是那种集中各种网捕的"开禁"方式。邻近的捕鱼好手们得到邀请。有划小船来的，一般是女人船后支艄，男人撒网。只听"唰"的一声，大网落水，再慢慢收起，老手们凭网与船舷结合时的动状便知网中货色的大小与多少了。有背着摸鱼盆来的。一条条丝网在水中布下，然后，他们在自己的布网区域内撒着欢儿地晃动着鱼盆，咚咚咚地用小桡在沿上敲打着，驱赶着水中的鱼儿自投罗网。起网时，被网住的鱼儿不甘被擒，蹦跳不止，然而无济于事。还有一种方形罩网，专用来对付深水区的大鱼。"十网有九网空，干到一网就成功"就是说这种网的作业。因为他们如果成功一次，就足以抵到别人半天的业绩了。这时，也偶有鱼鹰船穿梭其间，放鹰人用绳子把鹰脖子系住以防偷食。常常是在歇息时，让鹰去吞食那些小杂鱼。

啊，水中的鱼鹰，天上的喜鹊，人鸟共存的氛围，其乐也融融。

乡村腊月的渔事，早已成为一种回忆。天天食有鱼，早已是实现了的乡村梦想，有喜鹊相伴的猎鱼场面，成为故事，当作了讲给孩子们的童话。

又是一阵云烟，如梦一般，几十年后，再见喜鹊，它们飞过我们头顶上那一片纯净的天空。在这小寒之际三九寒冬里，看到这种有灵性的鸟，心中总是暖暖的。现在啊，冬日的乡村不再萧条，大地一片静美，这天空真正属于了这些播洒着欢快的充满喜气的鸟儿的。它们用喜喳喳的演奏，为我们迎来美好春光。

经天的晴朗，让人对冬至后的暖阳有点隐隐的怀疑。谚曰："小寒节，十五天，七八天处三九天。"这三九将届，这冬天还冷不冷？直到元旦过后，寒潮接连。"东风吹雨小寒生"（宋·陈与义《窦园醉中前后五绝句》），小寒如约而至。这不，盼雪的人们，终于听见了雪的讯息，"长江以南地区，雨夹雪，转大雪，部分地区有暴雪或大暴雪"。于是，很少见到雪的人们，便想象着2008年大雪的场景。那真是一声大雪啊。静夜雪落，第二天，一轮红日下白雪覆盖在小区的花坛上，覆盖在湖边的曲径上。田野里一望茫茫。或有野雉扑愣愣划过雪面，留下一行利索的脚印。场院边角上那株腊梅，枝条上朵朵嫩黄的磬口的花儿，轻风中，抖落掉花瓣上的雪，散发出阵阵幽香。可是网上这儿那儿传来了大雪纷飞、白雪皑皑的场面，而我们依然处于对雪的想象之中，唉，不管它吧，"大雪年年有，不在三九在四九"，等着呗。也有人在度娘上搜到刀郎的那一首《2002年第一场雪》，跟着那独特的声音大唱起来，营造起了雪季到来的浪漫氛围。

"芳魂一缕向东风，寂寞枝头对雪冬"。这是山茶在热烈地开放着，给在冬日行走的人们一丝暖意。我在晨练小跑中，忽听有人叫我。我回头，这是我在运动中结识的忘年交周老。他八十多岁了，还坚持每日晨练，即便在小寒到来的这三九天也不例外。他掌中有一对大大的钢珠，旋转摩擦着发出咕咕咕的声音，蛙鸣一般。"哪天给你也弄两个！"见我好奇的样子，他说。原来，他手中的钢珠是矿山用来碎石的钢球，因个儿小了，便不再用了，正好拿来做掌旋球。这球不同于常见的山核桃和石球，它个头相对较大，重量足，健身效果佳。是啊，眼前的周老，别看年纪大，可说话，底气足着呢。过了几天，我又见周老。"我带在身边多天了，没有见着你。今天你就把拿去吧。"周老说着双手便递过来。我很感激地接过来。原以为，他那天也就那么一说，不会那么上心，哪知道，老人还真当成了一件事，把它放在心上。我也知道，周老为了弄到那两个钢珠，也是不容易的。他要到矿区找到那熟人，等待时机，才能得到，也是颇费周折的。我连连感谢。周老连连摇手，表示不用感谢。而且，边走边教我转球方法。我们边走边聊着。虽于凛冽寒风中，周老的脸上正焕发着容光。恰如这路边的山茶，吐露着特有的芳华。我分明看到一个老人如约后的轻松与满足。

也是在这小寒时节，一个凄风苦雨的傍晚，我的同事下班后开着车回家。忽见一骑车人跌倒在路边，摩托车压在腿上，那人动弹不得。我的同事果断停下车，把那人扶起，原来是我们附近村庄的一个熟人。那人经车的压迫，行走已很困难。可能伤得不轻。没有经过任何考虑，我的同事便把那人扶上了自己的车。送到附近医院的急诊室挂号拍片拿药，然后，又冒雨把那人送回了家。其实那天晚上，我的同事，还有一个宴约，因了这事而给耽误了。事后，我们聊起了这事，说现在碰瓷的人很多，如果真正遇到了碰瓷的怎么办呢？我的同事说道，对于种种社会现象，如果我们每个人都从负面去考量，那么这个社会就真的没有希望了。同事还说，漫说是一个熟人，就是一个不认识的人，发生了那样的事，他也会这样做的。是啊，公道自在人心，只有我们以积极的姿态去面对，以阳光的心态迎接发生的每一件事、每一个人，我们就能在做每一桩好事时，便如完成了一次约定，给别人带来帮助，也给自己带来快乐。正所谓"赠人玫瑰，手有余香"。

写此文时，手边正好有一本由芜湖市弋江区精神文明建设指导工作委员会编辑出版的《厚德弋江》。这是一本带着温度的读本。打开来，一个个感人的好人故事，让我们在这个小寒节气里感受到我们这个社会大家庭里，却也是暖意融融。这里面，有六十多岁大爷赵录廷跳入水中救人的故事；有妻子患重病却坚持在抗洪一线累到失音的秦大保的故事；有六旬孝儿李祖友十五载悉心照料瘫痪父亲的故事……打开近几日的报纸、网页，风雪来临，给人们出行生活带来诸多不便，我们可以看到在高速上、国道上、小区里，我们的交警、普通的司机以及诸多的行路人、小区居民，他们见到了有困难者，总是尽自己最大的可能，为困难者提供帮助，让道路通行，让受寒者得到温暖。这些事，我每看到一次，都得到一次感动。这些平凡的好人，这些在受困者面前主动伸出援手的人们，没有人去鼓动，做好事后或许没有什么褒赏，是什么让他们长期坚守或一瞬间在平凡中见出伟大呢？我想，这一定源于他们当初的某种心灵的约定。他们这种善心，"人皆有之，贤者能勿丧耳"（《孟子》）。这些人，就是我们这个社会中的贤者，他们坚实着当初的约定，在寒冷中，发出了光和热！

"小寒料峭，一番春意换年芳"（金·王寂《望月婆罗门·元夕》），是啊，小寒如约，这约定，却使得一年中最冷的时日，涌动着春天的美好想象。

大寒

飞雪迎春到

"寒雪梅中尽，春风柳上归"，这是一副再也寻常不过的春联了。新春佳节之际，看到这一副红彤彤的对联贴在人家的大门上，喜庆中透露出无际希望。大寒之时，寒气正劲，口中哈着热气，读着这联子，人的精神都会立马振作起来。而我们今年的大寒最末一日，便是旧历年的除夕的前一天。也就是说，新的一个立春，便是除夕了。"海日生残夜，江春入旧年"（王湾《次北固山下》）这两句诗，不就最贴切地表现出了这种时序的更替吗？

"小寒大寒，冷作一团"。《授时通考·天时》引《三礼义宗》："大寒为中者，上形于小寒，故谓之大……寒气之逆极，故谓大寒。"这时寒潮南下频繁，是中国大部分地区一年中的最冷时期：风大，低温，地面积雪不化，呈现出冰天雪地、天寒地冻的严寒景象。

而最能表现出大寒"寒气之逆极"的古诗要数宋代邵雍的《大寒吟》了。诗是这样写的："旧雪未及销，新雪又拥户。阶前冻银床，檐头冰钟乳。清日无光辉，烈风正号怒。人口各有舌，言语不能吐。"你看，确实是冷啊，冷得连话都说不出来。我们地处江南，倒好像没有冷到连话也说不出口的程度。

记忆中，"檐头冰钟乳"这美好的东西倒是有的。只是诗人说得有点唯美罢了。当年我们叫不出"冰钟乳"这么好的名字。芜湖的方言，唤做"凌柱子"便是也。而现在见得少了。早年农村，多为茅草房。雨雪后，房顶上的茅草存水，水不会一下流走，顺着房檐慢慢滴下来。低温下，这慢滴的水，便结成冰，然后，水再沿冰下滑过程中，又被冻住了。于是，冰柱便渐渐地粗起来，长起来。晶莹莹地挂在茅屋的房檐上。早上太阳出来，便灿灿地闪着亮光。天再冻，也阻挡不住孩子们去敲打的热情。那小手，也从口袋与手套中出来了，满满的一握，忘却了那刺骨的冷。看到了那冰凌在手中，冒着热气，小手红红的，却也是一种极限的快乐。甚至有的把送进口中，当作夏天的冰棍啃起来。大人们如果看到，大都会立刻制止。如果孩子们执意不听从，会招来一顿打骂。大多数情况下，孩子们正在把玩着那冰凌，一看到大人来了，便丢下手中的冰，四散开去，地下留下一堆杂乱的冰，日头上来了以后，变作了一摊水。只因为小时候，玩过那冰凌，那种手握冰柱的锥心的冷以及玩到兴头手冒热气的畅快无法忘怀，所以至今记得，尽管几十年过去了。而现在却很少见到那种日光中草房檐下熠熠生辉的"凌柱子"了。

大寒前几日，我走了一趟皖北。站在涡河大桥上，看到蓝天下的涡河，波光粼粼，却也看不到河面覆冰的情景。尽管此时，这座城市最低气温为零下五度。我原本以为，芜湖这座江边城市，看不到冰为正常，可越过淮河的皖北依然无冰。可在我的记忆中，芜湖冬天的河湖塘坝都曾结过厚厚的冰呀。耳际还在响着用砖块砸向冰面，那声音一直传到湖心或河之对岸的清脆美妙的声音。也记得试探着在冰面上行走的小心翼翼。深寒至极，那冰面上能够放心地走。放寒假了，把往家带的板凳面儿朝冰，几个书包放在凳脚间，拖着走。凳子变成了冰橇。当然，这些也是背着大人去做的。尽管我们那个时代，每家都有几个孩子，可每个孩子也是大人心中的宝，生命不准有半点闪失。可也曾有失手时，一脚踩空，把鞋裤弄湿，不敢回家。办法是，从草垛上拽来草，在背风处点起一堆火。直到衣服烘干才敢回家。可也偶尔有人落入冰中而殒命的传闻。当然，这些都是大人们拿来教育孩子们不要滑冰的重要说词。仿佛我们这儿也多少年不见有冰厚能载人的时候了，因而怀念刺激而危险的滑冰时代。

鲁迅先生曾说过，"暖国的雨，向来没有变过冰冷的坚硬的灿烂的雪花。"紧接着，他老人家，又对江南的雪后的美艳，作了精彩的描写。而我觉得，咱们芜湖的雪，总如一位害羞了的女孩。在人们的期待中，也会与你打一两回照面。来得快，走得也快。"大雪年年有，不在三九在四九。"芜湖人，用这句话，来安慰着自己。而这大寒，大多处于四九间。而咱们芜湖，比起暖地广东来说，见到雪的机会总是多的。不是有这样的一件事吗。两个被羁押的广东人犯，被带到芜湖异地受审。而当他们从囚车中被带出的时候，正看到芜湖一片银装素裹。"感谢上苍，我终于看到了雪，感谢政府，把我带到了芜湖。"大有一种"曾经沧海难为水，除却巫山不是云"的感慨与快意。至此，我确信鲁迅先生语言的正确性！殊不知，芜湖这新年的第一场雪，也是在爱雪的人们翘首企盼中盼得的。至于"旧雪未及销，新雪又拥户"的时候，倒极为少见。咱们芜湖诗人陈东吉先生，在大寒之际，步宋代诗人陈著《游慈云》之原韵，和了一首《大寒》诗。今古两位诗人，都对大寒时节的雪有所歌咏。"瑞雪纷飞清玉宇，原驰蜡象兆丰年"（今诗），"微湿易干沙软路，大寒却暖雪晴天"（古诗）。两位诗人，都是江南人，可能都未曾领教过北方大雪气度，在他们诗中，都表现出雪后大地的妩媚与清新。写出了我们南方人对雪的常识与态度。再看，"梅魂总是冰霜铸，菊魄从来凝露妍"（今诗），"未曾到寺香先妙，底用寻梅山自妍"（古诗），两位诗人，通过对大寒时节的梅花斗雪怒放的描写，表现了顽强不屈的意志品质。让读诗之人，颇有感悟。不仅是妙香四溢的梅花傲雪争艳，而那些在严寒雪花纷飞里展翅高天的鸟儿们，也整天价地奋飞不已。它们是在这搏击长空的过程中，练就一身好本领，为的是在春天到来的时候，积蓄体能，准备在物竞天择的自然法则里，胜却他人一筹！

　　总是应该有雪的。否则，便会模糊我们春节的概念了。雪花飘飘中，年总是不会太远了。"大寒已过腊来时"（宋·曾丰《冬行买酒炭自随》），在这隆冬腊月里，人们在置办着年货。各地风俗不一，但对年的虔诚是一样的。年是中国人的一道精神大餐。有钱无钱，回家过年，为的就是这一次团聚。这从我国每年的春运便能看得出来。千里之遥，大雪封路，也阻止不了人们回家过年的坚定行为。大数据表明，今年春运，我国有二十九亿人次出行。出行路上，风雪裹挟，不变的是对于家、对于团聚的向往与咀嚼。在一个个拥挤的枢纽站，在奔向四方的巴士上，在一趟趟驰行的高铁上，甚至在交警特意保护的摩托车队中，存在着一个亘古不变的向心力：家！家，召唤着每一个急切回家的人。这就是临近春节的大寒中的中国人民。寒，不是问题，因为他们心中是热的。当他们回到阔别已久的家中共同举杯时，心中的春天，已然来临！

大寒

雪沃新年来

"溪水断流寒冻合，野田飞烧晓霜乾。"（宋·王之道《题浮光丘家山寺》）大寒时节是一年中，最是农闲之时。越冬的小麦和油菜，在厚厚的雪被下，无忧无虑地生长着，只待春风来临，以大片大片的新绿，为农人的希望而装扮。深冬水浅，这塘塘坝坝正是疏浚的好时节，早已无须出动大量的劳力，大型的疏浚机械，几个工作日，便能完成村庄周围的作业。而疏通整治过的沟渠，来年春水盈盈，新岸新绿，定能为田上春光，增色不少！

较大的水面，是早已承包给了个人。而我却不忘早先那腊月里水面"开禁"的动人场景。也不知道用什么方式发布的消息，只是那一日一大早，四面八方的捕鱼人，带来各种各样的捕鱼工具，有在岸上叉或罾的，有在水中央小船小盆上布网或撒网的，有假用鹰叨的，有徒手下水摸的，最是壮观的要算是几十上百人拉的那种大网（俗称捞网子），两股人由分而合，最后起网，这样的捕捞，如果网眼小的话，会使全塘鱼儿绝种。而一年一度或若干年一次的捕捞的产量肯定会引起田野塘边的惊喜或沸腾。这或许是大寒时节静暝的田地间最热闹的响动了。这也是在这寒冷的时令里，捕鱼的人们，一次大的联欢，惹得大小老少们来看热闹。不单单是看热闹，他们手里都拎着一个篮，等着分鱼呗。

而在这热闹场面中，老太婆们却很少见到。此刻的她们，正在家中，精心地呵护着他们的宝贝——一窝刚孵出的小鸡仔。把它们放在院墙内有暖和阳光的地方。由一只长久霸窝而变了声的老母鸡带着，晒着太阳，叽叽叽地走来走去，学着觅食的本事。因老母鸡在旁，别的人，小狗，小猫等是不能靠近的。然而，老太婆却能，她甚至能用粗糙的手，捧起一枚嫩黄的小可爱，放在自己干瘪的脸上，亲了又亲。也难怪啊，打一个多月前，那老太婆便在村里瞄着谁家有健硕的公鸡，再和那家人商量着匀（以前村人之间借贷的一种说词）他家的鸡蛋。等到七凑八凑凑足了数，再在昏黄的灯前照一照是否有云（是否受精，没有的便淘汰）。做好这些后。便选一只德行好的母鸡，往它的鼻上横插一羽，作为鸡婆之标志。从此，这一窝种蛋便交给了这只光荣的母鸡了。而老太婆也不闲着，定时翻蛋以便每枚均匀受热。还要定时给那母鸡递食递水，当作一个功臣来服侍着。这不，老太婆做这些时，少不得充满着无限的想象。这窝小鸡长成林了（长成了），下蛋换钱，有什么打算，都包括在她想象之中。甚至远到明年冬至，宰一只给家里的谁谁补补身子等。想着这些，在这大寒天气里，她觉得很满足，自在。

是啊，不管什么事，人都有一个趋向自在的过程。就拿我自己来说吧，当初在县中读书时，寒冬腊月里，没有洗澡的条件，于是，从深秋起，我和同学们便用凉水冲洗身子。殊不知，个把月练下来，我们却离不开了那种冬天晚自习后，那种一桶凉水从头上倾泻而下的快感。于是，在三九四九极寒的天气里，洗冷水澡，在瑟瑟北风中下河游泳的习惯养成了。有人说，这是一种坚强的意志。而我却认为，这不是什么意志，纯粹是一种足以享受的习惯。我真是怀念我坚持了几十年的好习惯。现在条件好了，我却永远找不到那种美好的感觉了！只有在温和的泳池里划来划去聊以自慰。

在这大寒时节，我被两部文艺作品感动着。中央电视台正在热播着电视连续剧《换了人间》。这部电视剧用生动的剧情给了我很多中国革命历史知识。我对新中国成立这一段历史，有了更深入的了解。对于蒋家王朝的覆灭，新生的中华人民共和国的成立之历史必然有了更清晰的认识。然而，更令我感动甚至唏嘘不已的是，当第一面五星红旗冉冉升起时，一些爱国的仁人志士却惨遭国民党反动派的杀害。"威武不能屈"，他们在狱中经历了严刑拷打却不当叛徒不变节，是因为，他们坚信，胜利的曙光就在前头。他们甚至想到，纵然看不到新中国的诞生，也因为这新的诞生有了他们的奉献而自豪。这是何等崇高的境界！然而，我想，他们纵然没有看到新中国，可是他们的精神将如万丈光芒，直冲霄汉，感奋百世中华！另一个是正在热映的电影《无问西东》。我看到西南联大的师生们，在国难当头、抗战前途极不明朗之时，却表现出空前的镇定与自守。教室里因雨不能上课，而"静听雨声"，在敌机轰炸时，能在山沟猫耳洞里坚持教学，种种这样的场面，是多么的感人！有了这样优秀的教授群体，有了这样好学上进的学子，一个民族，一个国家，哪有不振兴的理由呢？遥想几十年前，我们的烈士们，我们的教授学子们，在那样恶劣的环境之下，为了民族的危亡而置生死于不顾，他们经历了人生中最寒冷的冬天却不改变初心与信仰，表现出了一种惊人的淡定与自在。这是我们民族弥足珍贵的精神遗产呐。

翻开微信，我的好友晒出了她家阳台上一盆越冬的花草返青而葳蕤生光。她把这惊喜分享给每一个人。她是从这儿看到了严寒中孕育着的无限春光，给我们生活中，增添了一抹暖色。是啊，"大寒已过腊来时"（宋·曾丰《冬行买酒炭自随》），人们无不充满自信，大寒已届，春天不就在眼前了吗？

我写此文之夜，芜湖下了一夜雪。早上打开手机，群里一片雀跃。这场雪大家等得好苦。最大的福利给了孩子们，期中考试停摆，最大的开心还是春节时间亲朋好友在一起，没有精确的孩子成绩比较之虞了。预报中，未来几日雪还更大。205国道上有铲雪车在操作。我担心如2008年那样，造成南北大动脉的阻塞！各银行有人出来，雪地里拎着银行赠送的红色的春联，煞有美感。在这大雪纷飞的腊月里，初步架构了年味。不需我说，随着时日往后推，中国人传统的过年的氛围，会营造得越来越浓！大寒迎春到，雪沃新年来！

大寒：雪沃新年来

腹有春秋 文章自在

春雨惊春清谷天，
夏满芒夏暑相连，
秋处露秋寒霜降，
冬雪雪冬小大寒。

中国的节气歌，是祖先留给我们的一份好礼。它把一年用二十四个刻度均分，并且，每个刻度上以典型的征候，尽可能全方位地展现时序的流动与物候的变化。这种流动与变化让我们的生活变得十分丰富起来。

家乡的《大江晚报》从2017年2月3日起，特设了四期四个版面，分别介绍了每个季节里的六个节气。且每一个节气，都选了一首吟咏该节气的古诗或词。芜湖本土作家陈东吉先生分别步其韵而和之，这对我很有启发。而在更早以前，晚报副刊也连续刊登了我市知名作家孙凤山先生写节气的散文小品。可以说，从那时起，我便萌生了自己写二十四节气文章的想法和决心。况且，在这之前，我已经写了关于中国传统节日的一系列散文小品。这些作品，都曾在各地大大小小的报刊上发表过，感觉不错。我总以为，把自己对于传统的东西的感悟写出来，抒发某种情感，谈点自己的看法，与大家分享，多少能让人们在庸常的岁月里，有点寄托，这是我的初衷。

一个长期身处南国的人，想把这二十四节气用文字表现出来，确也是一件困难的事。这二十四节气，原来是以中原大地河南的自然气候变化为参照而形成的。河南属黄河流域，而到了长江流域，同样的一个时间点，物候的呈现已是大相径庭了。况且，千百年来，就是同一个地方，随着气候哪怕一点点的变化，都会表现在物候现象的演变之中。随着耕作技术的改进和茬口安排之改良，现如今人们的农业生产活动与最初节气歌所描述也有了不一样。而我，囿于时空之限，仅凭自己的经验来表现，肯定会严重失之狭隘的。因而，写二十四节气是困难的。

时序变化很快，岁月匆匆过往。春夏秋冬你来我往，公历古历共计时光。当某个节气冷不丁地传人你的耳廓时，你或许会惊讶，时间过得真快呀。而决计写出这二十四节气的弄字人，真是更觉其快。往往写好了前一个节气，刚刚搁笔，就要构思下一个的写法了。否则，就不能赶在这个节气到来之前完稿，以飨那些对我的文字有所期待的人们。我会经常听到这样的话，某某节气到了，文章还没有写好吗？这无形中，是对我的一种鞭策。其实，有些在时间上相邻的节气，比方说，小暑大暑，寒露霜降，小寒大寒，小雪大雪等，在自然物候，农事安排上，无显著差别，这都增加了写作难度。虽有难度，也要硬着头皮写下去。而每一篇写好以后，便会有一阵无比喜悦与轻松。这大概就是写作的乐趣之一吧。自己的文字，首先要打动自己，然后，才能更好地分享出去。一旦得到文友与亲朋好友的赞许，便增加了写下去的勇气与信心。现在是自媒体时代，纸质传媒，网络平台，QQ微信，能让你随心所欲地发表。可是，你的文字要想让人有所期待，写出来的东西必须要对得起人家。何谓对得起？那得有真感情。那种造作矫揉的文字，是不会让人待见的。

中国是一个农业大国。二十四节气，是专为农事安排而设的。因此，写节气文章，农事是绕不过去的。我虽生长在农村，也曾干过农活，可对于农事安排不是熟知的。只能从别人的文字中，从自己对农田农人农事的观察中，知道一些间接的东西。故而，表现起来，不是很准确，也不深刻。一似一些根本没有下过厨的文人，写起烹饪时，头头是道，却把自己真当成了一个大厨了。同时，人们对节气的反应，天气时令的变化，也是行笔时不可或缺的一块。然而，人们作文，常常不会就事论事，而是要通过所写，在文字中有所寄托罢了。当然，不同的人，写不同的节气文字，所要传达的志趣，笃定是不同的了。人在一年中，都要经历春风夏雨秋霜冬雪。每个人不可能事事遂心，一帆风顺。这是肯定的。那么，我们的作品，就要努力让人们在字里行间看到前途、信心与喜悦。如果每一个读者能感受到这些，我们的目的便达到了。

散文，要用叙事去支撑。一个人，经历的事太多了，到底把什么事，恰如其分地安排在某一篇文章之中，而且要和文章整体意趣相合拍，这也是要经过反复的甄别和选择的过程的，这是一种有素材的可喜的情况。当没有素材时，就必须要有合理的想象去补充了。比如说，我写家乡夏日十里荷香杂花生树的情景，就是在原有的基础上，把它们美化了。再有，我写农村老妇孵小鸡的过程，写得很温馨。把平常的东西写得有了一定的意境。还有冬日村边当家塘"开禁"捕鱼的场景也是这样。也有时候，我翻出日记本，在日记中，寻觅相应的记录节气的文字。这样，往事便清晰起来。比方说，我写的文字中，一次雪中回家船头放诗，一次霜晨湖边跑步等，都得益于日记中的文字。二十四节气，在古书的记载中，每一个节气都配有三个典型的征候。所以，在我的二十四篇文章中，有些事情，就是写那节气的某一候。比如，秋天的文章中的小香瓜的故事就是，还有关于吃柿子的描写也是，都是按候征来写的。有时候，经过苦苦的思索而不得，然而，一瞬间，眼前发生的某一件事，会突然触发我的文思。把眼前事，写进文章，这样，文章便陡添了时代感。中央关于振兴乡村计划、年底的芜湖农博会等，都被我写进文章之中。中国又是一个诗歌的国度，我们的古人，在歌咏二十四节气上，也留下了丰富的诗作。这些优秀的诗句，或能直接引用，增加了文章的典雅性。也有时，把诗歌创造的意境，拿来我用，穿插在叙事中，也为的是使文章增色。

时序推演，二十四节气轮番登场。每个人都在与时俱进，期待着美好的未来。每个人，都在用自己勤劳的双手，书写着各自的人生华章。这华章中的每一篇，都需要我们用心推敲与筹划。有歌这样唱道，"一番番春秋冬夏，一场场酸甜苦辣，敢问路在何方，路在脚下。"

只有我们能领略到生活之美，我们心中的美好才能书写成章。

腹有春秋，文章自在！